1분 말하기 기술

결정적 순간에 꺼내 쓰는 직장 생활 치트키

1분 말하기 기술

임경민 지음

잡빌더 로울 기획

다온북스
DAON BOOKS

말할 때마다 손해 보는 당신,
1분만 임팩트 있게 말해보자

상상해 봅시다. 엘리베이터를 탑니다. 앗, 상사입니다. 이런! 눈빛이 마주칩니다. 등에 땀이 납니다. 어색한 침묵이 흐릅니다. 입술이 마릅니다. 할 말이 없습니다. 억지로 말을 건넵니다. "날씨가 좋네요. 하하…" 상사도 멋쩍게 대답합니다. 이걸로 대화는 끝입니다. 여전히 엘리베이터 안입니다. 침묵이 사라지길 바랍니다. 하지만 어찌할 바를 모릅니다. 괜히 스마트폰만 만지작거립니다.

저는 말하기 강사입니다. 강의하다 보면 이런 상황에 어떻게 말해야 하냐는 질문을 자주 듣습니다. 여러분이라면 이때 어떻게 하나요? 침묵을 견디려고 애쓰거나, 반대로 없는 이야깃거리를 만들어 내려 노력하진 않나요.

이때 저는 마법의 도구, '1분 말하기'를 사용해 이 상황을 해결합니다.

딱 1분입니다. 1분 동안만 말을 잘해도 내가 원하는 걸 얻을 수 있습니다. 어색한 상황에서 자연스럽게 벗어나거나, 아니면 아예 정면 돌파해서 상대의 시선을 사로잡을 수도 있죠.

할 말이 없을 때는 대화 흐름을 깨지 않게 말하면서, 위기를 탈출해야 합니다. 난감한 상황을 억지로 해결하려고 노력하다 보면 내 의도와 다른 방향으로 흘러가기 때문이죠. 직장 생활을 할 때는 때때로 주인공이 아니라 엑스트라로 무대에 서는 게 더 유리할 때가 있습니다. 끊임없이 사생활을 캐묻는 무례한 동료가 있다고 해봅시다. 이때는 처음부터 거절 의사를 확실하게 전달해야 합니다. 그래야 대화를 그대로 끝맺을 수 있기 때문이죠.

반대로 할 말이 있을 때는 어떤가요. 하고 싶은 말을 제대로 전달해서 주목받아야 합니다. 주목받는다는 것은 내가 원하는 대로 판을 짜기 쉽다는 소리입니다. 이번에는 주인공이 될 차례입니다. 상대의 시선을 확실하게 사로잡는 거죠. 예를 들어, 보고할 때를 떠올려 봅시다. 가장 먼저 귀에 들리는 첫 마디가 마음에 꽂힌다면 게임은 끝납니다.

첫 1분이 중요합니다. 1분 동안 말을 어떻게 하느냐에 따라서 원하는 것을 얻을 수 있는가, 아닌가가 결정 납니다.

- 횡설수설하지 않고, 똑 부러지게 말하는 사람
- 분위기를 잘 파악해 센스 있게 말하는 사람
- 이야깃거리가 많아 재미있게 말하는 사람

'말 잘하는 사람'을 검색하면 나오는 내용입니다. 이들은 말로 원하는 것을 얻는 사람입니다. 말을 잘 정리해서 '똑 부러지는 사람', 분위기에 맞는 말을 해서 '센스있는 사람', 풍부한 이야깃거리로 '유쾌한 사람'이라는 평가를 듣습니다.

당신은 말을 잘하고 싶나요? 그렇다면 말을 잘해 무엇을 얻고 싶은가요? 똑 부러지는 말 한마디로 팀에서 유능한 직원이라 여겨지거나, 유창한 말센스로 상사에게 단박에 기획안 결재를 받는 사람이 될 수도 있습니다. 결국엔 말을 잘하고 싶다는 건, 말로 내가 원하는 결과를 얻고 싶기 때문은 아닐까요.

딱 1분만 말을 잘해도 충분합니다. 이것이 바로 이 책의 핵심입니다. 긴 시간 동안 말을 잘하기는 어렵습니다. 뛰어난 강사들도 힘들어하죠. 그런데 1분은 그렇지 않습니다. 오히려 1분 말하기는 메시지의 전달력을 높여줍니다. 메시지를 잘 전달한다는 건 내가 한 말이 상대방 머릿속에 그대로 떠올랐다는 겁니다. 말로 원하는 걸 얻고 싶을 때, 딱 1분만 말을 잘해 봅시다. 지나치게 짧은 말은 1분 정도로 늘리고, 너무 긴말은 1분으로 줄이는 기술을 통해 당신도 말 한마디로 원하는 것을 얻는 사람이 될 수 있습니다.

그래서 이 책은 이렇게 구성했습니다. 1장에서는 1분 말하기 개론에 관해 설명하고, 2장부터 4장까지는 짧은 말을 길게 늘이는 원리와 기술에 관해 말합니다. 또, 5장에서 7장까지는 반대로 긴말을 짧게 줄여 원하는 걸 얻는 방법을 모두 적어됐습니다. 상대 그리고 상황에 맞는 다양한

'1분 말하기 기술'을 습득해 봅시다.

이 책을 읽고 난 뒤, 1분 말하기 기술을 얻은 당신은, 더는 말하기가 두렵지 않을 겁니다. 한발 더 나아가면 언제나 어디서나 사람들 앞에 당당히 나설 수 있습니다. 자, 이제 말로 당신이 원하는 것을 얻을 시간입니다.

2023년 12월

차례

1분 말하기 개론
같은 말 → 다르게 전달하기

1분 말하기 준비운동
짧은 말 → 긴말 늘리기

1분 말하기 전달의 기술
짧은 말 → 긴말 늘리기 실전 ❶ 피하는 게 답이다

1분 말하기 전달의 기술
짧은 말 → 긴말 늘리기 실전 ❷ 정면 돌파가 답이다

1분 말하기 준비운동
긴말 → 짧은 말 줄이기

1분 말하기 전달의 기술
긴말 → 짧은 말 줄이기 실전 ❶ 피하는 게 답이다

1분 말하기 전달의 기술
긴말 → 짧은 말 줄이기 실전 ❷ 정면 돌파가 답이다

1분 말하기
개론

같은 말 → 다르게 전달하기

정말로 말은
하면 할수록 늘까?

~~~~~~~~~~~~~~~~~~~~~~~~~~~~~~~~~

'1분 말하기 강의'를 할 때, 첫 시간을 가장 기대합니다. 새로운 청중을 만나고, 그들과 소통할 생각에 심장이 빠르게 뛰기 때문이죠. 하지만 청중은 저와 같은 마음이 아닌 경우가 많습니다. 확실한 증거도 있습니다. 강의를 시작하면 대부분 제 눈을 피합니다. 분명 강의장에 들어섰을 때 인사도 한 사이인데… 서운한 마음이 들려는 찰나, 청중이 이렇게 말합니다.

"강사님, 사실 강의 신청할까 말까, 정말 많이 고민했어요. 심지어 신청 후에는 첫날에 참석할지 말지도 생각했다니까요? 강사님이 발표시킬까, 옆 사람과 대화하게 할까, 엄청나게 걱정했거든요."

대부분 말하기 강의 첫 시간에는 돌아가면서 자기소개하는 시간이 있습니다. "말은 직접 해야 나아진다."라는 주장 때문입니다. 맞습니다. 말을 직접 하면 좋아집니다. 심지어 급격하게 성장합니다. 하지만 빠른 변화에는 부작용이 있기 마련이죠. 바로 인생에 어두운 역사, '흑역사'가 생깁니다.

여기서 잠깐 제 이야기를 먼저 해야겠네요. 취업 준비하던 첫해, 운이 좋게 처음 지원한 회사에서 1차 서류 심사를 통과했습니다. 면접장으로 오라는 문자를 받았죠. 이때는 자신감에 가득 차 있었습니다. 아직 수많은 탈락을 경험하기 전이었거든요. "열정을 확실하게 보여주자!"라면서 두 주먹을 꽉 쥐고 면접장에 들어갔습니다. 그리고 입사 후 포부를 묻는 면접관에게 다음과 같은 대답을 했습니다.

"이 회사에 뼈를 묻고 싶어서 지원했습니다!"

아! 그날 저녁, 탈락 문자를 받기도 전에 침대에서 이불킥을 얼마나 했는지 모릅니다. 이후에는 여러분이 예상하는 것처럼 수많은 실무진, 임원 면접 탈락을 경험했습니다. 생계가 달려 있으니 흑역사가 쌓이는 걸 애써 외면합니다. 계속 부딪치기만 했죠. 다음은 최종 합격했던 회사에서 했던 답변입니다. 위의 답변을 비교하면서 봅시다.

"끝없는 성장을 함께할 수 있는 곳이라고 믿기 때문입니다. 이 회사는 단기간에 시장점유율을 85% 달성하는 큰 성과를 이뤄냈습니다. 저 역시 말씀드린 것처럼 같은 경험이 있습니다. 이렇게 한 자리에

> 머무르지 않고 빠른 성장을 이루는 점이 닮았다고 생각합니다. 앞으로도 회사가 걷는 길에 꾸준히, 또 함께 걸어가는 인재가 되겠습니다."

꽤 그럴싸하게 들리죠? 흑역사가 많이 생기면 생길수록 말은 잘하게 될 수밖에 없습니다. 하지만 효과가 크면 클수록 부작용도 몸집을 불리기 마련이죠.

흑역사도 레벨이 있습니다. 1부터 10까지 있다고 할 때, 10레벨 흑역사가 많이 쌓이면 어떻게 될까요? 말을 할 때마다 두려움에 떨게 됩니다. 두려움이 커지면 커질수록 일은 더 복잡해집니다. 아예 말하는 것을 포기할 수도 있거든요. 과거 제가 그랬던 것처럼 말입니다. 점심시간, 회사 동료들과 대화하는 것조차 힘들어서 입을 꾹 다물고 밥만 먹고 있었던 적이 있습니다. 그때, 동료가 했던 말이 아직도 잊히지 않네요.

> "식사 다 했으면, 먼저 사무실에 들어가 봐도 괜찮아요."

직장인에게 점심시간은 유일한 탈출구입니다. 밥을 먹고 커피 한잔하는 건 전쟁통에 잠시 안전지대에서 쉬는 것과 같죠. 그런데 먼저 사무실로 돌아가라니요! 이 말은 곧 "당신과 얘기하는 건 영 재미도 없고, 불편하기만 하니 자리 좀 비켜줘요."입니다.

높은 레벨 흑역사가 쌓이는 이유는 말하기 준비 방법을 모르고 있기 때문입니다. 공부할 때를 떠올려 봅시다. 시험 범위가 1장에서 10장까지 일 때, 누군가는 한 글자 한 글자를 곱씹으면서 공부하는 사람이 있고, 다른 이는 핵심을 중심으로 가지치기하면서 효율적으로 분석하는 사람이 있습니다. 말하기도 마찬가지입니다. 말을 제대로 준비하는 방법을 모르면 높은 레벨 흑역사가 자꾸만 생깁니다.

사실 위 에피소드는 한두 번에 그치지 않았습니다. 오히려 시작에 불과했죠. 이것이 바로 '1분 말하기'를 쓰게 된 이유입니다. 만약 과거 제게 누군가 말을 제대로 준비하는 방법을 알려주는 사람이 있었다면, '말하는 게 공포다.'라는 생각까지는 하지 않아도 됐을 테니까요.

이 책을 읽고 있는 여러분이, 만약 저와 같은 경험을 하고 있다면 '1분 말하기' 기술을 얻는 게 큰 도움이 될 것이라고 확신합니다.

'1분 말하기 강의' 첫 시간에 무조건 약속부터 합니다. 억지로 말을 시키지도 않는다고 강조하죠. 거의 맹세하는 수준입니다. 앞에서도 말했지만, 말을 부딪치면서 배우는 건 위험부담이 너무 큽니다. 리스크를 줄이기 위해서는 말하기 전, 제대로 준비하는 것부터 시작하면 됩니다. 그리고 준비한 걸 제대로 활용하는 방법만 배우고 실전에 나섭니다. 저는 이 과정을 '1분 말하기를 한다.'라고 표현합니다. 이 책을 읽고 난 뒤, 1분 말하기 기술을 장착한 여러분은 저처럼 높은 레벨의 흑역사를 만들지 않고도 분명 말하기 능력이 높아질 거라고 확신합니다. 자, 이제 말을 제대로 준비해 볼까요?

표현을 잘 한다고,
전달을 잘 하는 건 아니다

말하기 책을 몇 권 샀습니다. 하나 같이 신뢰를 주는 단단한 목소리, 똑 부러지는 정확한 발음, 귀에 쏙 들어가는 또렷한 발성이 중요하다고 계속 강조합니다. 읽는 동안 고개를 연신 끄덕이며 실천에 옮기자고 다짐합니다. 시장에 도착했습니다. 물건값이 생각보다 비싸 깎아야 하는데, 책에서 본 내용이 떠오릅니다. 한번 심호흡하고 중저음의 목소리, 완벽한 발음과 발성으로 다음처럼 말합니다.

> "사장님, 물건이 참 좋네요. 혹시 괜찮으시다면 더 저렴한 가격으로 구매할 수 있을까요?"

어라? 이상합니다. 상인이 별말 없이 무덤덤한 표정으로 쳐다봅니다. 그런데 옆에서 한 주부가 사투리 가득한 말투로 말합니다.

> "사장님, 저 이거 사려고 부산에서 왔거든예! 성의를 봐서 오천 원
> 만 깎아 주이소."

풋, 상인이 실소를 터트립니다. 괜히 하는 말인 걸 알면서도 못 이기
는 척 가격을 깎아줍니다. 두 사람 다 같은 말을 하고 있습니다. "비싸
니, 깎아 달라."는 거죠. 그런데 결과는 완전히 다릅니다. 이런 일은 우
리 주변에서도 쉽게 찾아볼 수 있습니다. 사무실에서 보고할 때를 떠올
려 봅시다. 상사에게 똑같은 내용으로 말했는데, 동료는 결재승인이 단
박에 나고 나는 며칠이 걸립니다.

같은 말인데 왜 이런 차이가 날까요? 결론부터 말하자면, 메시지를
상대에게 잘 '전달'했기 때문입니다. 메시지를 잘 담아 말하면, 말 속에
서 진정성이 느껴집니다. 그래서 상대에게 강한 인상을 남기고, 운이
좋으면 기억에 남는 사람이 됩니다. 메시지를 만드는 방법에 대해서는
뒷장에 설명하겠습니다. 여기서 집중할 것은 바로 '전달력'이라는 키워
드입니다.

제가 강조하는 '1분 말하기'에서 말 잘하는 사람은 표현력이 아니라,
전달력이 좋은 사람입니다. 다음처럼 말이죠.

> 말 잘 하는 사람 = 전달을 잘 하는 사람

대부분 말하기 책에서 강조하는 목소리나 발성, 발음은 표현을 잘하

는 것입니다. 그렇다면 전달력과 표현력은 어떤 점이 다른 걸까요? 우선 다음에서 사전적 정의부터 알아봅시다.

- 전달력: 생각이나 말 따위를 남에게 전달하는 능력
- 표현력: 생각이나 느낌 따위를 언어나 몸짓 따위의 형상으로 드러내어 나타내는 능력

어떤가요. 비슷한 듯 아닌 듯, 모호하게 느껴집니다. 정의를 '1분 말하기' 식으로 다음처럼 조금만 바꿔볼까요?

- 전달력: 메시지를 전달하는 능력
- 표현력: 메시지를 전달하는데, 도움을 주는 능력

표현력은 메시지를 잘 전달하기 위해 사용하는 도구 중 하나입니다. 회사에서 프리젠테이션할 때를 떠올려 봅시다. 하고 싶은 말, 메시지가 정해지고 난 뒤에 어떤 일을 하나요? 말하는 연습을 합니다. 어떤 말투와 목소리로 말할지, 또 발음과 발성이 부정확하게 들리지 않는지를 살펴보는 식입니다.

하지만 이 과정은 필수가 아니라 선택이라는 게 중요합니다. 메시지가 단단할수록 더 그렇습니다. 법륜스님을 떠올려 보세요. 귀속으로 메시지가 쏙쏙 들어옵니다. 사투리를 쓰는데도 청중이 이야기를 듣는 내내 깔깔거리며 웃고, 심지어 눈물을 왈칵 쏟기까지 합니다.

표현력을 키우는 것보다 전달력을 높이는 게 우선입니다. 표현력 훈

련은 다음 일입니다. 그렇다면 전달력이 좋기 위해서는 어떻게 해야 할까요? 메시지가 단단해야 합니다. 바꿔 말하면 진정성 있는 메시지가 필요하죠. 그 방법은 다음 장에서 살펴봅시다.

진정성 있는
메시지부터 만들자

메시지는 무엇인가요? 강의장에서 같은 질문을 하면 이런 답변이 돌아옵니다. "느낌은 오는 데 설명은 못 하겠어요." 그럼 사전에서는 메시지를 어떻게 말하는지 살펴봅시다.

- 어떤 사실을 알리거나 주장하거나 경고하기 위하여 보내는 전언
- 문예 작품이 담고 있는 교훈이나 의도
- 언어나 기호에 의하여 전달되는 정보 내용

이번에도 '1분 말하기' 식으로 정의를 다시 내려봐야겠죠? 1분 말하기에서는 메시지를 다음처럼 정의합니다.

'남에게 알려주고 싶은 내 생각'

지금 어떤 생각을 하고 있나요? 생각 더미를 잘 살펴보면 앞에서 말한 평범한 생각 이외에 누군가에게 알려주고 싶을 만큼 특별한 생각이 있습니다. 다음 사람처럼 말이죠.

"여러분, 라면 드시죠? 지금부터 라면을 100배는 맛있게 먹는 방법을 알려드릴게요. 제가 라면만 50년 끓인 장인에게서 배워온 비법 중 하나인데, 정말 별거 아니에요. 누구나 쉽게 할 수 있어요. 바로 물이 끓기 전에 라면 스프부터 넣는 것이랍니다. 그러면 끓는 점이 높아져서 면발이 훨씬 빠르게 익어 맛있어져요."

누가 봐도 라면을 맛있게 조리하는 법을 아는 사람 같죠? 이 사람이 가진 메시지는 "누구나 라면을 맛있게 조리하는 비법"입니다. 비법을 남에게 알려줄 만큼, 모두가 맛있는 라면을 먹는 게 큰 행복인 사람이죠. 앞으로 이 사람을 만나면 우리 머릿속에는 '라면'이라는 두 글자가 둥둥 떠다니게 될 겁니다. 강렬한 기억으로 남는 거죠. 진정성 있는 메시지는 그래서 중요합니다.

이렇게 진정성 있는 메시지는 어떻게 만들어지는 걸까요? 마음 깊은 곳에서부터 우러나와야 합니다. 앞서 말한 사람을 예로 들어볼까요. 그는 진심으로 음식을 좋아하는 사람일 겁니다. 분명 라면뿐만 아니라 여러 가지 음식을 경험해봤겠죠. 그러면서 알게 된 비법을 누군가에게 알려주고 싶다는 욕구가 생기고, 그것이 메시지가 된 겁니다. 이처럼 욕구가 강할수록 메시지가 단단해집니다. 욕구는 경험에서부터 시작합니다. 어떤 일을 경험하면서 "좋다."라는 마음이 점점 커지다 보니, 누군가에게 알려주고 싶다는 욕구가 생기는 거죠.

Q : 저는 어떤 욕구도 없는데 어쩌죠?

A : 공감합니다. 저 역시 그랬으니까요. 여기서 잠깐 앞 장에서 말한 부산에서 온 주부 이야길 해야겠네요. 사실 그녀는 대단히 치밀한 사람입니다. 말을 꺼내기 전에, 우선 말을 시작할 타이밍부터 철저하게 계산했거든요. 다른 사람과 상황을 매의 눈으로 관찰하다가, 자신이 가장 주목받을 수 있는 순간을 노렸습니다. 발견과 동시에 그때를 놓치지 않고, 상인에게 말을 걸었죠. 게다가 '부산에서 왔다'라는 스토리까지 끌어와 이야기합니다. 여기서 끝인 줄 알았는데, 완벽한 오산입니다. 사투리 억양을 더 강하고 맛깔나게 사용해서 상인의 시선을 확 사로잡습니다.

이 모든 과정이 일어날 수 있었던 이유가 뭘까요? 바로 딱 하나, '가격을 깎고 싶다.'라는 강한 욕구가 있었기 때문입니다. 부산에서 온 주부는 분명 똑소리 나는 사람일 겁니다. 가격을 깎는 데 얼마나 진심인지 말투에서 고스란히 느껴지죠. 강하고 확실한 욕구는 꼭 거창한 게 아니어도 괜찮습니다. 지금, 여기서 내가 느끼는 것 중 가장 솔직한 마음이 무엇인지 찾기만 하면 됩니다. 그러면 메시지에 진정성이 생깁니다.

우선, 강렬한 욕구를 찾기 전에 욕구의 사전적 정의부터 알아봅시다.

• 욕구: 무엇을 얻거나, 무슨 일을 하고자 바라는 일

여기서 잠깐, 1분 말하기식 욕구란 무엇인지 알아봐야겠죠? 간단합니다. 사전적 정의에 이 말만 더해봅시다.

• 욕구: 무엇을 얻거나, 무슨 일을 하고자 바라는 일 + '손해 보지 않거나, 또는 0의 상태에 있기'를 바라는 일

위 문장에서 집중해야 할 것은, '손해'와 '0의 상태'입니다. 대부분 사람은 욕구란 단어를 생각하면 이익을 얻는 것부터 떠올립니다. 하지만 잘 생각해보면 손해 보지 않는 것도 욕구가 될 수 있습니다. 또 이득도 없고 손해도 없는, 0의 상태도 마찬가지죠. 다음을 봅시다.

1. 상사에게 보고를 잘 하고 싶다. (이익을 얻는 것)
2. 상사에게 보고를 못 하기 싫다. (손해 보지 않는 것)
3. 상사에게 보고를 평범하게만 하면 된다. (0의 상태)

어떤가요. 욕구는 사람마다 다 다릅니다. 자, 이제 내가 가진 욕구의 다양한 모습을 생각해 볼 차례입니다. 다음 질문에 대답해 봅시다. 여러분은 어떤 욕구가 있나요?

Misson 여러분은 언제 말을 잘 하고 싶었나요? 그때 어떤 욕구가 있었기 때문인가요? 다음 빈칸을 채워봅시다.

해결 안 되는 문제로
고민하지 말자

'토크똑띠', 제가 운영하는 유튜브 채널명입니다. 직장에서 사용할 수 있는 여러 말하기 기술에 대한 콘텐츠를 다루고 있습니다. 어느 날 상사와 대화할 때, 짧게 말하지 않고 길게 늘여서 말하는 기술을 담은 동영상에 다음과 같은 댓글이 달렸습니다.

> "아무리 좋게 말해도 상사는 작정하고 꼬투리를 잡는데 그게 다 무슨 소용이죠? 상사가 바뀌면 다 해결되는 거 아닌가요?"

이 말을 바꿔 말하면 "나는 상사가 바뀌길 원한다."입니다. 앞 장에서 말했던 강력한 '욕구'인 거죠. 저 역시 같은 생각을 한 적 있습니다. 매일 아침, 같은 장소에서 만날 수밖에 없는 빌런 상사를 대할 때 특히 그랬습니다. 상사는 제게 인신공격을 하는 것도 모자라 보고할 때마다 독설을 쉽게 내뱉는데, 나는 왜 똑같이 할 수 없는지 억울했습니다. 상사가 한 말을 그대로 돌려주고 싶은데 그러지 못해 일요일 저녁만 되면 월요병에 시달렸죠.

과거 제 바람은 딱 하나, 상사가 독설 내뱉기를 그만두는 것이었습니다. 하지만 이 문제는 내가 어떻게 해결할 수 있는 문제가 아닙니다. 상사가 어느 날 아침 눈을 떠, 이제부터 좋은 상사가 되겠다고 다짐하고 싶어져야겠죠. 다만 그런 행운은 자주 일어나지 않습니다.

아무리 강력하게 원한다고 해도 이것이 만약 내가 어떻게 할 수 없는 것이라면 부정적인 감정에 휩싸이게 됩니다. 문제를 풀기 위해 애쓰지만, 바라는 결과를 얻을 수 없기 때문입니다. 퇴근길 지인에게 전화를 걸어 몇 시간 동안 푸념을 늘어놓을 때는 잠깐 속 편하다고 여길지 몰라도, 결국 전화를 끊고 나면 변함없는 상황 때문에 더 큰 스트레스만 쌓이는 것처럼요.

그렇다면 저는 이 문제를 어떻게 해결했을까요? 해결할 수 있는 문제에 집중했습니다. 다음처럼 말이죠.

- 나는 상사가 독설을 내뱉지 않았으면 좋겠다. (내가 해결할 수 없는 문제)
- → 나는 상사가 독설을 내뱉는 타이밍을 미리 알아야겠다. (내가 해결할 수 있는 문제)

상사가 독설을 그만두게 할 수는 없지만, 타이밍을 미리 알아차릴 수는 있습니다. 언제 상사가 독설을 내뱉는지 관찰해보는 거죠. 이미 쌓인 경험치도 있으니 어렵지 않게 찾을 수 있습니다. 그러다 보면 언제 독설을 내뱉는지 패턴이 보입니다. 이제 문제를 해결할 시간입니다. 타이밍이 오기 전, 자리를 미리 피하거나 아예 빌미를 제공하지 않아서 타이밍 자체를 없애는 거죠.

다시 정리해봅시다. 내가 해결할 수 있는 문제에 집중하면, 구체적인 방법이 보입니다. 동시에 여러 정보도 쌓입니다. 그러면서 앞으로 나아가는 거죠.

Q : 해결할 수 있는 문제를 찾는 게 어려워요.

A : 저는 '1분 말하기 폼(Form)'을 활용합니다. 1분 말하기 폼(Form)이란, 해결할 수 없는 문제를 해결할 수 있는 문제로 바꾸는 것입니다. 다음처럼 1분 말하기 폼(Form)을 활용하면 쉽게 해결됩니다.

다음 페이지의 표처럼 정리해보면 내가 해결할 수 있는 문제가 명확해지고, 그에 따른 해결법도 자연스럽게 찾을 수 있습니다.

구분	질문	답변	해결할 수 있는 문제
Who	상사는 주로 누구에게 독설을 내뱉을까?	나, 김 대리	나와 김 대리의 공통점이 뭔지 알아야겠다.
When	상사가 언제 독설을 내뱉을까?	상사에게 어떤 이벤트가 생겼을 때	상사가 독설을 내뱉는 타이밍을 알아야겠다.
Where	상사는 어디서 독설을 내뱉을까?	사무실, 상사 자리	상사 자리로 최대한 가지 않는 방법을 찾아야겠다.
What	상사는 어떤 주제로 독설을 내뱉을까?	업무 이야기부터 시작해서 개인적인 부분으로 끝남	개인적인 이야기를 하지 않을 방법을 찾아야겠다.
How	상사는 어떻게 독설을 내뱉을까?	큰 소리로 모든 사람이 다 듣도록	해결할 수 없는 문제니 신경 쓰지 않는다.
Why	상사는 왜 독설을 내뱉을까?	자신의 권위를 과시하려고	해결할 수 없는 문제니 신경 쓰지 않는다.

Q : 늘 이렇게 노력해야 하나요?

A : 항상 노력하지 않아도 됩니다. 1분 말하기는 결정적 순간, 필요할 때만 꺼내쓰는 기술입니다. 또 자주 사용하다 보면 능숙해집니다. 욕구 중에 해결할 수 있는 문제를 찾아낼 수 있다면, 다음 단계는 훨씬 쉬워집니다. 해결 방법과 전달 기술은 이 책에 모두 담아뒀기 때문이죠.

여기서 잠깐! 다음 장으로 넘어가기 전에, 이전 장에 썼던 내가 가진 욕구를 다시 한번 살펴봅시다. 만약 해결할 수 없는 문제라면, 1분 말하기 폼(Form)을 사용할 차례입니다.

Misson 여러분이 가진 욕구 중, 해결할 수 없는 문제를 다음 표를 활용해 바꿔봅시다. (1분 말하기 폼(Form)은 반드시 다 채우지 않아도 괜찮습니다. 가진 욕구에 따라 필요한 내용만 적어도 됩니다.)

구분	질문	답변	해결할 수 있는 문제
Who			
When			
Where			
What			
How			
Why			

1분 말하기 기술

방법을 찾다 보면,
말의 재료가 모인다

해결할 수 있는 문제를 찾았다면 이제 방법을 찾을 차례입니다. 앞장에서 본 1분 말하기 폼(Form) 가장 오른쪽에 '해결할 방법'을 더하면 다음 페이지 표와 같습니다.

해결할 수 있는 문제를 찾았다면 이제 해결 방법을 떠올릴 차례입니다. 이전 장에서 말했던 것처럼 저는 상사가 독설을 내뱉는 타이밍을 알기 위해 상사의 일과를 관찰하는 것부터 시작했습니다. 그러다 보면 나도 모르게 여러 가지 정보가 쌓입니다. 상사가 어떤 때에 기분이 좋고 그렇지 않은지 뿐만 아니라, 사내 인간관계를 어떻게 만들고 있는지와 같은 것이 보입니다. 이렇게 모인 정보는 1분 말하기 기술을 사용할 때 아주 유용하게 쓰입니다. 상사가 기분 좋지 않은 시간대에는 대화하는 걸 피하거나, 여유가 있을 때 보고를 하는 식으로 말이죠. 저는 이런 정보를 '1분 말하기 재료를 얻었다.'라고 합니다.

구분	질문	답변	해결할 수 있는 문제	해결 방법
Who	상사는 주로 누구에게 독설을 내뱉을까?	나, 김 대리	나와 김 대리의 공통점이 뭔지 알아야겠다.	김 대리와 대화해 봐야겠다.
When	상사가 언제 독설을 내뱉을까?	상사에게 어떤 이벤트가 생겼을 때	상사가 독설을 내뱉는 타이밍을 알아야겠다.	상사의 일과를 관찰해야겠다.
Where	상사는 어디서 독설을 내뱉을까?	사무실, 상사 자리	상사 자리로 최대한 가지 않는 방법을 찾아야겠다.	해결 방법을 못 찾았다면 신경 쓰지 않아도 된다.
What	상사는 어떤 주제로 독설을 내뱉을까?	업무 이야기부터 시작해서 개인적인 부분으로 끝남	개인적인 이야기를 하지 않을 방법을 찾아야겠다.	공적인 대화만 해야겠다.
How	상사는 어떻게 독설을 내뱉을까?	큰 소리로 모든 사람이 다 듣도록	해결할 수 없는 문제니 신경 쓰지 않는다.	해결 방법을 못 찾았다면 신경 쓰지 않아도 된다.
Why	상사는 왜 독설을 내뱉을까?	자신의 권위를 과시하려고	해결할 수 없는 문제니 신경 쓰지 않는다.	해결 방법을 못 찾았다면 신경 쓰지 않아도 된다.

1분 말하기 기술

Q : 방법이 바로 떠오르지 않아요.

A : 다시 말하지만, 1분 말하기는 딱 1분 동안만 말을 잘하면 되는 기술입니다. 기술을 사용하는 시간은 짧지만 제대로 사용하려면 준비를 단단히 해야 합니다. 긴 시간이 필요하죠. 처음엔 익숙하지 않을 수 있지만 습관이 되면 준비하는 시간도 매우 짧아집니다. 강렬한 욕구가 생기자마자 해결할 수 있는 문제가 보이고, 방법까지 쉽게 찾는 식이죠. 처음만 어렵습니다. 익숙해지면 훨씬 쉽게 느껴질 겁니다.

그래,
무슨 말인지 알겠어!

지금까지 했던 내용을 한번 정리해봅시다. 말을 잘하기 위해서는 메시지를 잘 전달해야 했습니다. 그리고 메시지는 욕구에서부터 시작했죠.

> 욕구 → 해결할 수 있는 문제 → 해결 방법 → 메시지 전달

결국 1분 말하기에서 정의하는 '말 잘하는 사람'은 말하기라는 도구를 활용해, 메시지를 전달해서 자신의 '욕구'를 실현하는 사람입니다.

> 말 잘 하는 사람 = 전달을 잘 하는 사람 = 말하기로 '욕구'를 실현하는 사람

여기서 잠깐, 혹시 이런 경험을 한 적 있나요? 여러분이 지인에게 다

음처럼 말했습니다.

- 나 : 오늘 힘들어서 점심에 맛있는 거 먹으려다가, 유명한 한식집을 발견했잖아.
  → A 지인: 식당 이름이 뭔데? 근데 왜 힘들어, 무슨 일 있었어?
  → B 지인: 맞아, 한식은 대단한 유산이야. 한식이 영양학적으로 얼마나 완벽한지 알지? 그러려면 시대를 거슬러 올라가 이야기해야 하는데….

B의 말을 들으면 이런 생각이 듭니다. 분명 말은 술술 잘합니다. 또, 이야기를 들으면 들을수록 욕구가 무엇인지 확실하게 느껴집니다. '한식의 역사적 위대함을 알려주고 싶다.'라는 거죠. 심지어 논리적으로 핵심만 쏙쏙 뽑아 메시지를 전달합니다. 이야기가 끝났습니다. 분명 메시지에 진정성이 느껴지는데, 주변을 둘러보니 이야기를 듣던 사람들 표정이 한 결처럼 같습니다. 게다가 다음과 같은 생각을 하는 게 들리기까지 합니다.

"그래, 무슨 말인지 알겠어. 너 참~ 말 잘한다! 어이구 잘났다, 참 잘났어!"

말을 잘한다고 해서, 반드시 소통을 잘 하는 건 아닙니다. 위의 사람처럼 말이죠. 우리가 말을 잘 하고 싶은 이유는 각자 다릅니다. 다시 한번 말하자면, 사람마다 가진 욕구가 다양하기 때문이죠. 하지만 말을 잘

하고 싶은 '목적'은 대부분 같습니다. 바로 상대와 소통하기 위해서죠. 그렇다면 소통이란 무엇일까요? 소통의 사전적 정의부터 알아봅시다.

- 소통: 뜻이 서로 통하여 오해가 없음 (사전적 정의)

앞에서 말한 것처럼, 메시지는 욕구로부터 출발합니다. 결국 말을 잘하는 사람은 메시지를 잘 전달해, 가진 욕구를 이루는 사람인 거죠. 하지만 여기서 주의할 점이 있습니다. '나만' 원하는 걸 얻으려고 하면, 소통하기 힘들어진다는 겁니다. 뜻이 통하기는커녕, 오해만 삽니다. 이렇게 말하는 사람은 '일방통행' 형식으로 이야기하는 특징이 있습니다. 앞에서 말한 사람이 소통할 수 없었던 이유입니다. 일방통행 형식으로 말해도 될 때는 혼잣말을 할 때뿐입니다. 당연하게도 대화는 혼자서 하는 게 아닙니다. 타인과 소통할 때는 일방통행이 아니라 다른 형식으로 말하는 것이 꼭 필요합니다.

'쌍방통행 형식으로 말하는 것'

쌍방은 말 그대로 이쪽과 저쪽, 양쪽 모두를 뜻하는 말입니다. 1분 말하기는 일방통행이 아니라 '쌍방통행' 형식으로 말합니다. '메시지'가 나와 상대, 양쪽으로 모두 전달되게 하는 겁니다. 내게서 상대 쪽으로만 전달되고 끝나는 게 아니라, 상대에게서 내게도 흐르도록 말하는 식입니다. 다음처럼 말이죠.

```
┌─────────────────────────────────────────────┐
│                                               │
│        [메시지의 이동 방향]                      │
│      • 일방통행 형식 말하기 : 나 → 상대            │
│      • 쌍방통행 형식 말하기 : 나 ↔ 상대            │
│                                               │
└─────────────────────────────────────────────┘
```

쌍방통행 형식으로 말하는 방법은 간단합니다. 소통의 1분 말하기식 정의부터 이야기해야겠네요.

• 소통: 말하기로 '나'와 '상대'의 욕구를 함께 실현하는 과정

　　　(1분 말하기식 정의)

1분 말하기에서는 소통의 목적을 '나'의 욕구만 실현하는 게 아니라, '상대'의 욕구도 이룰 수 있게 해야 합니다. 쉽게 말해 win-win 전략을 취한다고 표현할 수 있겠네요. 함께 노력해서 각자가 원하는 결과를 얻는 거죠.

Q : 그건 너무 어려운 일 아닌가요?

> **A :** 앞에서 말한 이야기 속에서 한식집 상호가 뭔지, 왜 기분이 좋지 않았는지를 물은 친구가 바로 제대로 win-win 전략을 쓰고 있는 사람입니다. 듣는 친구 역시 만남 전부터 분명 전달하고 싶은 메시지, 자신의 욕구가 따로 있었을 겁니다. 하지만 전달할 타이밍을 잠깐 뒤로 미뤘죠. 상대의 욕구를 실현할 기회를 먼저 주기 위해서 말입니다. 동시에 메시지를 전달하기 어렵다면 이런 식으로

조율하는 게 필요합니다. 내가 원하는 것을 얻기 위해서 상대에게도 욕구를 이룰 기회를 준다고 생각하면 어떨까요? 바꿔 말하면 상대의 기회를 빼앗지 않는 것이라고도 할 수 있겠네요.

혹시 너무 많은 에너지가 드는 일이라고 생각하나요? 운동할 때를 떠올려 보세요. 처음에는 근육통에 힘들어 한발 내딛기도 힘들지만, 시간이 지나면 근력, 지구력이 크게 성장합니다. 소통도 마찬가지입니다.

나만큼
상대도 알아보자

저보다 몇 년 늦게 사회생활을 시작한 오랜 친구에게서 전화가 걸려왔습니다. 자신에게만 엄격하고 불합리한 지시만 골라 하는 상사 때문에 속상하다고 마음을 털어놨죠. 전화 너머로 흐느끼는 소리까지 들렸습니다. 저녁밥을 먹으려고 밥상을 다 차려놓은 상태였지만, 기꺼이 수저를 내려놓고 잠자코 이야기를 들었습니다. 또 여러 가지 해결책도 줬습니다. 음식이 다 식어버렸지만, 전혀 상관없었습니다. 오히려 내일 한 번 더 연락해 봐야겠다고 생각하기까지 했죠. 시간이 흘러 추억 삼아 이 일을 말할 수 있을 때가 됐을 때, 친구가 제게 이렇게 말합니다.

> "사실 그때, 나는 네가 해결책을 제시하는 것보다 공감해주길 더 바랐어."

물론 자신을 생각해 주는 마음은 알고 있다면서 고맙다는 말을 덧붙였지만, 그 말이 제대로 들릴 리가 없습니다. 그날 저녁 메뉴는 짬뽕이었습니다. 다 불어버린 면을 먹은 것도 모자라, 함께 식사하던 남편에게 미안해하면서까지 대화했는데 이렇게 말하다니요! 제가 말하기 강사가 되기 전이었다면 친구에게 아주 뾰족한 말을 던졌을 겁니다. 참다행입니다. 이렇게 둘 다 진심으로 대화했는데도 어긋나는 이유가 뭘까요? 바로 타고난 성격이 다르기 때문입니다.

성격유형 검사인 MBTI 검사를 해본 적 있나요. 학문적으로 여러 견해가 있지만 MBTI 검사가 서로 다른 유형의 사람을 이해하는 데 큰 역할을 한다는 건 부정할 수 없는 사실입니다. 저는 원리와 원칙, 진실을 중요하게 여기는 사고형인 'T'유형입니다. 친구는 반대로 관계, 마음에 초점을 맞추는 감정형인 'F'유형이죠. 그것도 각자의 유형에서 가장 양끝단에 있어서 그 차이가 더욱 확실합니다. 그래서 대화하는 방식이 완전히 다릅니다.

T 유형은 문제의 원인을 분석하고 적절한 해결책을 내는 것에 집중한다면, F 유형은 문제를 겪은 사람의 정서에 몰입합니다. 아마 친구가 제게 원했던 답은 "힘들어서 어떻게 해." "그래도 넌 최선을 다하고 있잖아, 넌 강한 사람이야."라는 식이었을 겁니다.

같은 일을 겪는 사람이 많은지 'T 유형과 F 유형, 말투 차이'라는 주제로 여러 군데에서 콘텐츠가 보입니다. 댓글에는 공감 간다는 말과 함께 각자의 비법을 담은 대화법 팁도 잔뜩 있습니다. 나를 제대로 아는 것도 중요하지만 완전히 반대인 사람을 해석하는 것도 필요합니다. 그러면 그에 맞는 해결 방법을 찾을 수 있죠.

말 잘하는 법을 이야기하다가 웬 뜬금없는 소리인가 싶지만 사실 아주 중요한 부분입니다. 앞 장에서 말한 것처럼 1분 말하기에서 말하는 소통이란, 말하기로 서로가 가진 욕구를 이루는 게 목적입니다. 그러기 위해서는 내 욕구를 아는 것뿐만 아니라, 상대의 욕구를 아는 것도 필요하죠. 물론 거울로 들여다보듯 정확하게 알 수는 없지만 추측하기만 해도 충분합니다. 추측을 거듭하다 보면 정확도가 올라가고 해결 방법도 찾을 수 있기 때문이죠. 만약 틀렸다고 해도 경험이 쌓이기 때문에 멀리 보면 내가 원하는 것을 얻는 데 사용할 수 있는 무기를 얻는 셈입니다. 이 말을 강의할 때 했더니 청중이 이런 질문을 합니다.

> "상대가 너무 미워요. 그런 상대는 원하는 것을 알기는커녕, 아예 쳐다보고 싶지도 않은데 어떡하죠?"

뻔하게 들릴지 모르지만, 이 말을 해야겠네요. 지피지기면 백전백승입니다. 상대의 욕구를 알고 있으면 전략적으로 행동하고 말할 수 있죠.

유독 저에게만 무례하고, 부당한 요구를 쉽게 하는 상사가 있었습니다. 그때 제가 가장 먼저 한 일은 상사의 일거수일투족을 관찰하는 것이었죠. 그렇게 했더니 예상하지 못했던 정보를 알게 됩니다. 바로 상사가 가진 욕구, '최대한 일은 적게 하고, 남은 일은 만만한 상대에게 미루자'라는 마음이 보인 거죠. 그래서 만만하지 않은 상대가 되기로 합니다. 무례한 말을 할 때는 웃어넘기지 않고, 부당한 요구를 할 때는 구체적인 근거를 들어 반대 의견을 냈죠. 언젠가 상사가 이런 말을 하는 걸 들은 적이 있습니다.

"쟤는 좀 어려운 후배라서 막 부려 먹지 못하겠어."

내가 가진 욕구를 실현하는 게 가장 중요합니다. 하지만 그만큼 남이 가진 욕구에 대해서도 안다면 어떨까요? 결정적 순간에 상대가 원하는 게 뭔지 알고 있다면, 그것을 활용해 내 욕구를 실현할 수 있습니다. 상대 욕구를 안다면 유리한 입장에 설 수 있습니다. 순식간에 상대를 사로잡을 수도 있고, 중요한 때 큰 무기로 활용할 수도 있죠.

메시지는 딱 1분 만에
전달해야 한다

지금까지 했던 내용은 다음 그림처럼 정리됩니다.

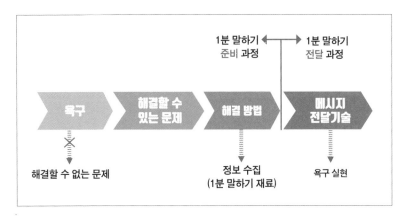

처음 욕구에서 해결할 수 있는 문제만 분리해 내고, 해결 방법을 찾다 보면 정보가 모입니다. 즉 말하기 재료가 저절로 쌓이는 거죠. 이 과

정이 '1분 말하기 준비' 과정입니다. 다음 장부터는 재료를 활용해 메시지를 전달하는 기술에 관해 설명합니다. '1분 말하기 전달' 과정은 실생활에서, 또 강의 중에 일어난 다양한 예를 들어 보입니다. 실전에서 바로 써먹을 수 있도록 말이죠. 그 전에 다음 문장은 무조건 기억합시다.

'메시지를 전달하는 시간, 단 1분'

앞에서 살펴본 것처럼 1분 말하기는 실제로 전달하는 시간보다 준비 과정이 더 깁니다. 메시지를 만들기 위해 내 욕구를 살펴보는 것부터 시작했었죠. 이제는 메시지를 전달하는 마지막 단계만 남았습니다.

마지막 단계에서 메시지는 1분 안에 상대에게 전달해야 합니다. 바꿔 말하면 딱 1분 동안만 말을 잘하면 된다는 거죠. 물론 더 짧게 말하거나, 길게 말하는 게 좋을 때도 있습니다. 광고 속에서 짧은 카피라이팅 나레이션을 하거나, 연단에 서서 긴 연설을 할 때처럼 말이죠.

하지만 문제는 상황에 맞지 않게 사용할 때 생깁니다. 짧게 말해야 할 때 길게 말하면 듣는 사람은 점점 지루해집니다. 말하면 할수록, 상대 눈 속에서 영혼이 빠져나가는 걸 본 적 있나요? 취미가 뭐냐고 묻는 상대에게 다음처럼 답하면 실시간으로 상대의 표정이 변해가는 걸 확실하게 볼 수 있죠.

"아, 저는 취미는 딱히 없는 것 같은데 …, 아! 요새 홈트레이닝을 하고 있어요. 혼자 있는 걸 좋아하거든요. 운동 전문 채널을 많이 구독했어요. 참, 그렇다고 늘 혼자 있는 건 아니에요! 사람들 만나는 것도 좋아하긴 하거든요. 그래서 독서 모임도 자주 나가요. 물론 책은 혼자 읽는 거긴 한데….”

앞서 말한 문장을 다음처럼 바꾸면 어떤가요?

“요새 홈트레이닝을 시작했어요.”

확실히 짧아졌습니다. 이렇게 말하면 듣는 사람이 정확하게 알아듣습니다. 또, 이유를 궁금해할 수도 있습니다. “홈트레이닝을 어떤 방식으로 하세요?”하며 질문을 던질 수도 있겠죠.

이번에는 반대로 길게 말해야 하는데, 짧게 말하는 상황을 들어볼까요? 상상해 봅시다. 지인 집들이에 초대받았습니다. 도착했더니 근사한 음식이 잔뜩 있습니다. 칭찬하고 싶은 마음에 이렇게 말합니다.

“와, 이거 사 온 음식 아니야?”

20년이 넘은 친구 사이에도 쉽게 웃어넘기기 힘든 말입니다. 온종일 땀 흘리며 요리한 노력을 무시하는 것처럼 들리기 때문이죠. 말을 다음처럼 바꾸면 어떤가요?

“와, 이게 다 뭐야. 나 레스토랑에 온 줄 알았어! 그것도 미슐랭 3스타 받은 집 말이야. 음식에서 빛이 난다, 빛이나. 어떻게 준비한 거야?”

어떤가요. 같은 내용으로 말하는데 들리는 뉘앙스는 완전히 다르죠. 1분 말하기 기술의 힘입니다. 1분 말하기에서 '1분'은 상징적인 숫자입니다. 지나치게 짧은 말은 긴말로 늘리고, 긴말은 확실하게 줄여서 내 메시지를 전달하는 거죠. 이 사실을 마음에 둬야 내 입맛에 맞게 말을 고무줄처럼 늘리고 줄이기 쉽습니다.

1분 말하기 준비운동

짧은 말 → 긴말 늘리기

할 말이 없을 때는
더해서, 넘겨라

강의 중간 쉬는 시간, 청중 대부분이 자리를 비웠습니다. 그런데 한 청중이 기다렸다는 듯이 슬며시 다가와 이렇게 말합니다.

"저는 사실 말하는 걸 별로 좋아하지 않아요. 여럿이 있는 것보다 혼자 시간 보내는 걸 더 선호하거든요. 하지만 사회생활 할 때는 이런 특성 때문에 손해를 볼 때가 많아서 고민이에요. 딱히 할 말이 없어서 가만히 있거나 필요한 대답만 짧게 하는 편인데 그러다 보니 존재감이 없어요. 게다가 가끔은 만만하게 보는 사람도 있고요. 이럴 때 어떻게 해야 할지 알려줄 수 있나요?"

할 말이 없는데 말을 해야만 하는 상황이 분명히 있습니다. 상사와 엘리베이터에 단둘이 있을 때, 어색한 동료들과 점심 식사할 때처럼 말이죠. 이런 상황에서 추임새만 넣고 말을 아예 하지 않거나 "네", "아니요" 같은 짧은 말로만 대답하다 보면 나도 모르게 오해를 사게 됩니다.

저 역시 같은 경험이 있습니다. 취업준비생 신분을 가까스로 벗어나 입사한 회사에 3개월쯤 다녔을 때 일입니다. 누구도 시키지 않았지만, 남들보다 일찍 출근하고 늦게 퇴근하면서 업무에 빨리 적응하고 부서원들과 친해지려고 노력하고 있었죠. 어느 날 동료 여럿과 식사하는데 한 명이 이렇게 말합니다.

> "이 일에 대해서 어떻게 생각하는지 말 좀 해봐. 항상 너무 듣기만 하는 거 아냐?"

할 말이 없어서 최대한 열심히 고개를 끄덕이고 있었는데, 뭘 더하라는 건지! 퇴근 후 집에 돌아와 한참을 씩씩거렸습니다. 하지만 사실 저도 알고 있었습니다. 대화할 때마다 억지로 웃어넘기고, 추임새를 넣으며 시간이 지나가기만을 버티는 걸로는 한계가 있다는 걸요. 그러면 상대가 알아차리는 것뿐만 아니라 스스로가 가장 힘들어집니다. 물론 당장이라도 여럿이 있는 자리에서 벗어날 수 있다면 가장 좋겠지만 사회생활을 하다 보면 매번 그러기는 쉽지 않습니다.

그래서 제가 선택한 방법이 바로 1분 말하기, 짧은 말을 긴말로 늘리는 기술입니다. 할 말이 없을 때는 '더하기 기술'이 필요합니다. 예를 들어, 어색한 상사와 단둘이 점심 식사 중이라고 상상해 봅시다. 침묵이 흐릅니다. 하필 식당도 한산합니다. 다른 손님이 없으니 수저 부딪치는 소리만 더 크게 들립니다. 어떤 말이라도 해야만 할 것 같습니다. 이때 만약 상사에게 다음처럼 질문하면 어떨까요?

• 과장님, 퇴근할 때 어느 길로 가세요?

상사는 이 질문을 듣자마자 매일 가는 퇴근길이 떠오를 겁니다. 이미 답이 정해져 있는 질문을 하면 상대는 대답하기가 훨씬 쉽고, 부담이 적어집니다. '질문하기 기술'만 잘 사용해도 대화의 물꼬를 쉽게 틀 수 있습니다. 대화를 시작했다면 좀 더 이어나가야겠죠? 다음은 '주도권 넘기기 기술'을 사용할 때입니다. 짧은 질문을 조금만 길게 늘여봅시다. 질문에 말을 더하는 겁니다. 그러면 나보다 상대가 더 많이 말하게 할 수 있습니다. 다음처럼 말이죠.

> • 과장님, 퇴근할 때 어느 길로 가세요?
> → 과장님, 퇴근할 때 어느 길로 가세요? 저는 어제 이쪽으로 갔는데, 엄청나게 막히더라고요. 아직 사무실 주변 길을 잘 몰라서 어떤 길이 좋은지 모르겠어요.

이 말을 들은 상사는 여러 가지 대답을 할 수 있습니다. 자신의 퇴근길을 알려줄 수도 있고, 막히지 않는 또 다른 길을 추천해 줄 수도 있죠.

오히려 되물을 수도 있습니다. 목적지가 어디냐는 식으로 말입니다. 이렇게 대화는 이어집니다. 이번 장에서는 짧은 말을 길게 늘이는 기술에 관해 이야기합니다. 여기서는 다음 말만 마음에 담아 둡시다.

할 말이 없어서 침묵하거나 짧게 말하게 된다면 말을 조금만 길게 늘여봅시다. 그러기만 해도 난감한 상황을 쉽게 벗어날 수 있습니다.

할 말이 있을 때는
더하고 바꿔서, 전달해라

청중이 번쩍 손을 듭니다. 눈을 바라보니 오랫동안 묵은 고민을 한꺼번에 쏟아 낼 준비를 단단히 하고 온 게 느껴집니다. 제대로 봤습니다. 질문을 넘어, 하소연하기 시작합니다.

> "저는 원래 돌려 말하는 건 딱 질색이에요. 싫으면 싫다, 좋으면 좋다 짧게 말해요. 또 있는 사실을 핵심만 추려서 말합니다. 그런데 이런 거침없는 말투가 가끔은 고민입니다. 속마음은 그렇지 않은데 말투가 거세서 남들이 종종 오해하거든요. 짧게 하고 싶은 말을 하면 할수록 남들이 절 무례한 사람으로 보는 게 걱정입니다."

이런 고민을 하고 찾아오는 사람들이 생각보다 많습니다. 짧게, 필요한 말만, 단도직입적으로 말하는 게 항상 나쁜 것만은 아닙니다. 분명 좋을 때가 있습니다. 내 의견을 정확하고 강하게 전달하고 싶을 때가 특히 그렇습니다. 무례한 말을 하는 사람에게 묵직하고 짧은 한마디를 던지면 만만하지 않은 사람이라는 인상을 줄 수 있죠.

하지만 언제나 짧게 말하는 것이 통하지 않는다는 게 문제입니다. 되려 오해를 사기도 합니다. 자기 할 말만 하고 마는, 주변을 배려하지 않는 사람이라는 평가를 듣기도 하죠. 왠지 억울한 마음이 듭니다. 해야 할 말을 했을 뿐인데 생각지도 못한 오해를 사다 보니, 상대에게 모든 것을 다 맞추라는 것만 같습니다. 그래서 말은 점점 줄어들고, 결국에는 침묵합니다. 자연스럽게 인간관계는 멀어지고 홀로 남겨집니다.

Q : 어떻게 하면 이런 오해를 받지 않을 수 있나요?

A : 짧은 말이 오해받는 이유는 메시지가 직설적으로 전달되는 특성이 있기 때문입니다. 간단하고 명확하게 말하기 때문에 의도가 있는 그대로, 숨김없이 드러납니다. 때에 따라서는 돌려 말하는 게 더 효과적일 수 있습니다. 이때 필요한 게 짧은 말을 길게 늘이는 기술입니다. 앞 장에서 말한 '더하기 기술'과 새로 배울 기술, '바꾸기 기술'을 사용하기만 하면 됩니다. 하고 싶은 말에 몇 마디만 더하고 바꿔서 말하기만 하면, 내 말을 오해 없이 잘 전달할 수 있습니다.

예를 들어볼까요. 상사가 후배에게 새로운 업무 해결 방안을 제안합니다. 듣던 후배는 속으로 이런 생각을 합니다.

1분 말하기 기술

• 이미 해본 방법인데, 전혀 효과가 없어서 쓸모없던데요?

아차! 속으로만 생각한다는 게, 입 밖으로도 튀어나와 버렸습니다. 만약 앞에 이 말을 더한다면 어떤가요? 다음 밑줄 친 부분을 봅시다. '더하기 기술'을 사용한 부분입니다.

• 이미 해본 방법인데, 전혀 효과가 없어서 쓸모없던데요?
→ 그 방법대로 하면 이런 점이 좋겠네요. 그런데 사실 이미 해본 방법인데, 전혀 효과가 없어서 쓸모가 없던데요?

자, 이번에는 바꾸기 기술을 사용할 차례입니다. 마찬가지로 밑줄 친 부분이 바꾸기 기술을 사용한 부분입니다.

• 그 방법대로 하면 이런 점이 좋겠네요. 그런데 사실 이미 해본 방법인데, 전혀 효과가 없어서 쓸모가 없던데요?
→ 그 방법대로 하면 이런 점이 좋겠네요. 그런데 사실 전년도에 비슷한 방법대로 업무를 처리했을 때, 이 부분이 문제가 되더라고요.

처음에 했던 말과 1분 말하기 기술을 사용한 말을 다시 한 번 비교해 봅시다.

> • 이미 해본 방법인데, 전혀 효과가 없어서 쓸모없던데요?
>
> → 그 방법대로 하면 이런 점이 좋겠네요. 그런데 사실 전년도에 비슷한 방법대로 업무를 처리했을 때, 이 부분이 문제가 되더라고요.

말하는 사람이 결국 하고 싶은 말은 "그 방법, 완전 별로예요."입니다. 하지만 가지고 있는 생각에 말을 조금만 더하고 바꾸기만 했을 뿐인데, 듣는 사람에게는 전혀 다르게 들립니다.

당신이 상사라면 어떤 말이 더 듣기 좋은가요? 첫 번째 문장처럼 전달하면 같은 말이라도 "말투가 저게 뭐야? 저만 잘났지!"라고 오해받을 수도 있습니다. 곁가지가 전혀 없이 핵심을 전달하는 게 왠지 차갑게 느껴지고 공격하는 것처럼 보이기 때문입니다. 그러면 사실관계를 따져 문제를 해결하는 것보다 의미 없는 감정싸움을 하게 됩니다. 다음 두 번째 문장을 봅시다. 어떤가요. 첫 번째와 핵심은 같지만, 더하고 바꾸는 기술을 사용했습니다. 의견을 밀어붙이는 게 아니라 듣는 사람을 배려하면서 말하는 사람 같죠. 당당하되 겸손한 사람이라는 이미지가 생기는 겁니다.

내가 전달하고 싶은 말을 정확하게 전달하려면 이 두 가지만 기억하면 됩니다. 살을 조금만 더하거나, 바꿔서 말해봅시다. 그러면 말의 뉘앙스가 완전히 달라집니다.

'맞춰주기'가 아니라,
'다양하게 전달하기'다

짧은 말을 길게 늘이는 방법, '더하기와 바꾸기 기술'을 설명할 때, 어김없이 나오는 질문이 있습니다.

> "상대는 아무런 관심도 없는데, 나만 상대에게 맞추려고 애쓰는 것 같아요. 그럴 때마다 무의미한 노력을 하는 것처럼 느껴집니다."

여기서 잠깐, 1분 말하기식 '소통'의 정의가 뭐였는지 다시 생각해봅시다. '말하기로 나와 상대의 욕구를 실현하는 것'이었죠. 대화하면서 나도, 상대도 원하는 걸 모두 얻어야 합니다. 하지만 만약에 나는 얻는 게 하나도 없는데 상대만 많은 걸 얻어 간다면 어떨까요? 일방적으로 노력한다는 생각이 듭니다. 노력하면 할수록 나만 손해 보는 상황이죠.

"왜 나만 상대 눈치를 보면서 말해야 하지?"라고 생각할 수도 있습니다.

저 역시 앞에서 말한 청중과 같은 경험이 있습니다. 모든 대화를 '이거' 또는 '저거', '그거'로 해결하는 상사를 만나본 적 있나요? 오전 8시, 출근하자마자 인사도 하기 전에 대뜸 이렇게 질문합니다.

"너 그거 어떻게 했어?"

그거? 뭘 말하는 건지 바로 떠오르지 않습니다. 어떻게 됐냐니! 어디서부터 설명해야 할지 막막합니다. 상사는 그 잠깐, 생각하는 순간을 참지 못합니다. 높은 확률로 이 말을 덧붙이죠. "아, 답답하네. 넌 왜 매번 말을 한 번에 못 알아들어?" 사실 저는 상사의 말에 곧바로 이렇게 대답하고 싶었습니다.

"그거라니, 뭐 말하는 거예요? 제대로 말해야 알아듣죠!"

하지만 어른의 사정이란 그렇게 간단하지 않다는 걸 우리 모두 알고 있습니다. 그래서 다음처럼 대답했습니다.

"과장님, 어제 말씀하신 A 업체 관련 결과보고서 말씀하시는 거죠? B 부서에서 이 부분을 수정해달라고 요청해서 다시 작성 중입니다. 지금까지 작성된 내용을 곧바로 정리해서 서면으로 보고드리겠습니다."

사람마다 문제를 해결하는 방법이 다릅니다. 문제를 피하는 게 편한 사람도 있고, 정면으로 돌파하는 것을 선호하는 사람도 있죠. 하지만 모든 문제를 딱 한 가지 답만 갖고서 해결하려면 오히려 더 어려워집니다. 멀티플레이어가 되면 더 쉽게 문제를 해결하고 원하는 것을 얻을 수 있죠. 그래서 1분 말하기에서는 '맞춰주기'라는 말은 다음처럼 바꿔서 설명합니다.

'다양하게 전달하기'

이 기술은 무작정 상대에게 맞춰서 말을 하는 게 아닙니다. 오히려 내가 원하는 것, '욕구'를 실현하기 위해 다양한 형태로 말을 전달하는 겁니다. 같은 말을 다르게 전달할 줄 안다는 것은 욕구를 실현할 다양한 '말하기 무기'를 가진 것과 같습니다. 짧은 말을 선호하는 사람에게는 짧게 말하고, 반대인 사람에게는 길게 늘여서 전달하는 식으로 말입니다.

관점을 바꿔봅시다. 눈치를 보면서 상대가 좋아하는 말만 골라서 하는 게 아닙니다. 매번 변하는 상대나 상황에 따라, 내가 하고 싶은 말을 다양하게 전달해서 '욕구'를 실현해보는 건 어떤가요?

물론 이 기술은 지금껏 내가 편하게 사용한 방식은 아닐 겁니다. 하지만 지금 만약 나만 원하는 것을 얻지 못하고 있다면, 이제 가진 무기를 바꿔 들어봅시다. 여러분이 과거의 저와 같다면, 짧은 말을 길게 늘이는 기술이 분명 도움이 될 거라고 확신합니다.

말을 잘하려면,
관찰 스위치부터 켜야 한다

1분 말하기 강의 시간, 짧은 말을 긴말로 바꾸는 기술에 관해 말하던 중이었습니다. 한 청중이 요즘 어머니에게 말을 걸기가 무섭다고 말합니다. 어떤 말을 건넸냐고 물으니, 집에 들어가자마자 이렇게 말했다고 합니다.

"밥은?"

이 말을 들은 어머니는 "너는 나만 보면 밥 소리밖에 할 말이 없니? 한 번 차려나 주고 말하던지!"라면서 불같이 화를 냈다고 하소연합니다. 만약 위 말을 이렇게 긴 문장으로 바꾸면 어떤가요?

> • 밥은?
>
> → "오늘 집이 썰렁하네. 엄마 혼자 있었나 봐요. 밥은 챙겨 먹었어요?"

두 말 모두 "지금 배고프다."라는 욕구에서부터 출발한 메시지입니다. 하지만 전달하는 방법이 완전히 다르기에 상대 대답에도 차이가 큽니다. 사무실에서도 이런 상황을 자주 만납니다. 상사에게 어떻게 질문하느냐에 따라서, 어떤 사람은 원하는 답을 곧바로 듣게 될 뿐만 아니라 덤으로 다른 무언가를 얻을 수도 있습니다. 반대로 누군가는 답은커녕 핀잔만 듣기도 합니다. 이렇게 짧은 말을 긴 문장으로 바꿔 말하기 위해서는 반드시 우선해야 하는 게 있습니다.

'관찰하기'

관찰은 말을 준비하고, 전달할 때 늘 함께해야 하는 '1분 말하기 필수 도구'입니다. 앞에서 말한 청중이 평소 어머니를 자주 관찰하는 습관이 있었다면, 어머니에게 묻기 전에 식사 여부를 미리 추측할 수 있었을 겁니다. 또 메시지를 전달하기 전에 이런 것들이 궁금해졌을 겁니다. 왜 어머니가 혼자 있는지, 혼자서 무엇을 하고 있는지, 오늘 기분은 어떤지와 같은 것들이 말이죠.

관찰만 잘하면 말하기 재료가 쌓입니다. 상대와 상황에 관한 정보가 생기기 때문에 같은 메시지라 해도 다르게 전달할 수 있습니다. 사무실에서도 마찬가지입니다. 똑같은 내용으로 보고 해도 관찰을 잘하는 사람은 단번에 결재승인을 얻어냅니다. 상사가 가장 한가한 시간이 언제인지, 또 기분이 어떤지를 추측할 수 있기에 최적의 보고 타이밍을 잡을 수 있기 때문입니다. 이처럼 관찰은 말을 잘 준비하고, 전달하기 위해 꼭 필요한 도구입니다. 그렇다면 관찰은 어떻게 해야 할까요? 다음을 함께 봅시다.

1. 관찰 시간 비율, 80(준비) : 20(전달)

1장 마지막 주제 '메시지는 딱 1분 만에 전달해야 한다'에서 말한 것처럼 말은 실제로 입 밖으로 내뱉는 시간보다, 준비하는 시간이 더 깁니다. 준비할 때 더 많은 관찰을 해 봅시다. 물론 말을 할 때도 그럴 수 있다면 좋습니다. 하지만 처음부터 대화할 때 시시각각 변하는 상황과 상대의 감정변화를 알아차리기는 쉽지 않습니다. 어느 정도 숙달이 되어야 합니다. 지금은 말을 준비할 때, 관찰하는 시간을 더 많이 가져봅시다. 말하기 재료가 많이 쌓여야 대화할 때 생기는 여러 가지 변수를 고려하면서 메시지를 전달할 수 있습니다.

2. 상대 관찰하기

대화하는 상대가 어떤 사람인지 알아야 합니다. 1장 '나만큼 상대도 알아보자'에서 말한 내용을 다시 떠올려 봅시다. 소통은 말하기로 나와 상대의 욕구를 실현하는 과정이라고 했습니다. 내 욕구를 이루기 위해 관찰해서 상대의 욕구를 아는 건 꼭 필요한 일입니다.

여기서 주의할 점은 상대를 관찰한다는 것이 '애정을 갖고 지켜보는 것'과 같은 말은 아니라는 겁니다. '관심을 가진다.' 정도면 충분합니다. 애정이 있으면 상대가 원하는 것을 이뤄주고 싶고, 배려하게 됩니다. 주변에 이런 마음이 들게 하는 사람은 소수입니다. 다른 대부분 사람은 관심만 가지는 정도가 좋습니다.

관심을 가지고 관찰하다 보면 당연하게도 상대에 대한 정보가 쌓입니다. 작게는 어떤 음식을 선호하는지부터 크게는 어떤 것을 바라는지 알 수 있을지도 모릅니다. 이미 우리는 정보가 많으면 많을수록 좋다는 걸 알고 있습니다. 내 욕구를 실현하기 위해 유리한 입장에 서서 전략적으로 활용할 수 있기 때문이죠.

3. 상황 관찰하기

매주 반복되는 회의를 한다고 해도, 매번 상황이 달라집니다. 구성원이 바뀌거나 회의 규모, 주제가 달라지기 때문입니다. 큰 규모, 엄숙한 분위기로 피드백을 받는 자리일 때는 대부분 침묵합니다. 반대로 작은 규모에 편안한 분위기로 의견을 교환하는 자리에서는 활발하게 소통합니다. 상황을 잘 관찰하면 흐름에 맞게 따라갈 수 있습니다. 상황을 고려하지 않고, 내가 하고 싶은 말만 하다 보면 눈치 없는 사람이라는 말을 듣기도 합니다. 똑같은 상황이라도 자세히 살펴보면 다른 점이 있습니다. 다양한 상황에 대한 정보를 모아봅시다. 또 상황을 관찰하다 보면 당연하게도 사람이 더 잘 보입니다. 회의 시간에는 조용하던 사람이, 점심시간에는 분위기를 주도하는 걸 알아차리는 식입니다.

이렇게 사람과 상황을 관찰해서 최대한 많은 정보, 말하기 재료를 쌓아야 합니다. 정보가 쌓여야 말을 더하거나 바꾸는 데 사용할 수 있기 때문입니다.

Q : 저는 관찰하는 게 너무 힘든데 어쩌죠?

A : 언제, 어디서나 24시간 레이더를 켠 상태로 관심을 가지라는 게
아닙니다. 마음속에 '관찰 스위치' 하나를 만들어봅시다. 메시지
를 잘 전달해야 하는 상대, 상황일 때만 스위치를 켜는 겁니다. 다
시 한 번 말하지만 1분 말하기는 결정적 순간, 딱 1분 동안 말을
잘하는 기술입니다.

나도 모르게
판단 내리는 걸 조심하자

Q : 상대와 상황에 대한 정보가 어느 정도 쌓였다면, 이제 다음은 뭘 하면 되나요?

A : 다음 차례는 전달할 순서입니다. 그런데 주의해야 할 점 하나부터 살펴봅시다.

바로 나도 모르게 '판단'을 내리고 있지는 않은지를 살펴봐야 합니다. 관찰을 통해 얻은 정보는 주관적입니다. 똑같은 과일을 보고 누군가는 덜 익어 보인다고 말하고, 또 다른 누군가는 딱 알맞게 영글었다고 말하는 것처럼 말입니다. 모인 정보로 추측하는 건 괜찮지만, 판단을 내리는 건 조심해야 합니다.

직장인 시절, 거친 말투로 하고 싶은 말을 툭툭 내뱉는 A 상사와 함께 근무한 적이 있습니다. 누군가 실수라도 하는 날에는 파티션 너머 다른 팀까지 호통치는 소리가 쩌렁쩌렁 울릴 정도로 큰 소리를 내기도 했죠. 다행히 없는 말을 만들어 내거나, 틀린 말로 트집을 잡는 사람은 아니었습니다. 오히려 듣다 보면 맞는 말이라 고개가 끄덕여지기까지 했죠. 부서원 사이에서는 "최대한 실수하지 말아야 한다. 그래야 가까이 가지 않을 수 있다."라는 말까지 돌 정도였습니다. 저 역시 마찬가지였습니다. A 상사는 업무 관련 이야기를 핵심만 짧게 하는 걸 선호한다고 생각했죠. 나머지 신변잡기식 대화를 건네면 인상을 찌푸리지나 않으면 다행이라 여겼습니다. 그래서 A 상사와 대화하는 걸 피하려고 노력하고, 어쩔 수 없을 때면 필요한 말만 짧게 하고는 했습니다.

시간이 흐른 뒤, 강사의 꿈을 이루기 위해서 직속 상사에게 퇴사 의사를 밝혔습니다. A 상사는 별말 없이 업무만 묵묵히 처리할 뿐이었죠. 친분이 깊은 것도 아니라, 당연하다 여겼습니다. 마침내 퇴사 당일, 마지막 식사를 마치고 자리에서 일어나는데 A 상사가 조용히 부릅니다. 제 이름이 적혀 있는 강사용 장비인 프로젝터를 내밀면서 이렇게 말하고 휙 뒤돕니다.

"잘해라."

예상치 못한 선물에 당황하기만 하고 감사한 마음을 잘 전달하지 못한 것 같아 개인 메시지까지 보냈지만, A 상사에게 답장은 영영 받지 못했습니다. 알고 보니 A 상사는 앞에서는 불같이 혼을 내고 모진 말도 참지 않지만, 뒤에서는 후배들을 살뜰히 챙기는 상사였습니다. 몇몇 동료들은 이 사실을 이미 알고 있었습니다. 부끄럽게도 저는 혼자서 상사를 인정 없는 냉혈한이라고 판단하고 있었던 겁니다.

새로운 사람을 만나는 순간, 바로 느낌이 옵니다. 첫인상이 단 몇 초
만에 결정되는 것처럼 나도 모르게 상대에 관한 '판단'을 내리게 됩니
다. 사람이든 상황이든 기준에 따라 판정을 내리면 그 결과는 쉽게 바
뀌기 힘듭니다. 그러면 나도 모르게 말에 그 마음이 고스란히 드러나
죠. 말을 짧게 툭툭 내뱉기도 하고 상대가 말하는 도중에 끼어들어서
흐름을 끊어 버리기도 합니다. 섣불리 판단을 내리지 않는 게 가장 좋
지만, 무의식중에 일어나는 일은 막기 힘듭니다.

Q : 그럼 판단을 내리지 않으려면 어떻게 해야 하나요?

A : 나도 모르게 판단하게 될 때는 마침표를 찍어 관계를 끝내지 말
고, 물음표로 여지를 남겨둬 봅시다. 적극적으로 다가가서 말을
걸어보거나 관계를 개선하라는 뜻이 아닙니다. "저 사람은 무뚝
뚝한 사람이다."라고 결론짓는 게 아니라, "저 사람은 무뚝뚝한 편
인가?"라는 정도로 추측만 하는 겁니다.

추측한다는 것은 언제든지, 지금 하는 생각이 잘못된 것일 수 있다
고 가능성을 열어두는 것과 같습니다. 결론을 내리면 이후에 상대와 대
화할 일이 생겨도 적극적으로 나서지 않게 됩니다. 하지만 추측만 가지
고 있는 정도라면 말을 할 때 태도부터 달라집니다. 내가 하는 추측이
맞는지 확인하고 싶은 마음이 들기 때문입니다. 태도가 달라지면 말의

모습도 바뀝니다.

만약 과거 제가 판단을 내리지 않고 추측하는 정도로 생각하고 있었다면, A 상사와 단둘이 남겨서 어색했던 순간에 입을 꾹 다무는 게 아니라, 먼저 한 마디를 건넬 수 있었을 겁니다. 그랬다면 인생에 또 다른 귀인을 만나서 지금도 함께 하고 있었을지도 모를 일입니다.

조금만 포장하면
친절해진다

메시지 알람이 울립니다. 예전 직장 동료입니다.

"완전 급해! 이럴 때 너라면 뭐라고 말할 거야?"

상사의 말에 동의해야 하는데, 간단히 말하자니 너무 성의 없게 느껴질 것 같다고 합니다. 해답을 줬습니다. 동료가 고맙다는 말과 함께 이렇게 말합니다.

"난 마음에 없는 소리는 진짜 못하겠어. 넌 어떻게 그렇게 잘하니!"

본격적인 이야기를 하기 전에 우선 이 말부터 해야겠네요. 저는 말하기 강사입니다. 말속에 숨은 진짜 의도를 잘 파악합니다. 그래서 "넌 마음에 없는 소리를 잘하는 사람이다."라는 뜻으로 한 말이 아닌 걸 잘 알고 있습니다. "정말 고맙다. 대단하다."라고 잘 이해했습니다.

그런데 짧은 말을 길게 늘이는 건 '마음에 없는 소리'라는 말, 정말 그럴까요? 답부터 말하자면 저는 동의하지 않습니다. 짧은 말을 길게 늘이는 기술을 사용하면 이런 오해를 자주 받습니다. 바로 마음에도 없는 빈말, 즉 바꿔 얘기하면 가식으로 상대를 대하거나, 심하면 거짓말을 한다고 생각하는 거죠.

1장, '진정성 있는 메시지부터 만들자.'에서 말한 것처럼 1분 말하기는 진실하고 참된 메시지에서부터 시작합니다. 짧은 말을 길게 늘이는 기술은 내 마음과는 반대되는 말, 즉 거짓으로 꾸며서 전달하는 게 아닙니다. 전하고 싶은 메시지를 조금 가공하는 거죠. 선물 받을 때를 떠올려 보세요. 똑같은 선물이라도 신문지에 쌓인 것과 예쁜 포장지에 포장된 것 중 어떤 것이 더 좋나요? 상상해 봅시다. 상사가 의견을 제시했습니다. 나쁘지 않다는 생각이 듭니다. 속에서 이런 말이 떠오릅니다.

• 괜찮네요.

핵심만 확실하게 찔렀습니다. 하지만 부족하다는 느낌이 듭니다. 만약 다음처럼 가공해서 말하면 어떤가요?

• 괜찮네요.

→ 괜찮은 방법인데요? 전혀 생각하지 못했던 부분이에요. 지금 하는 업무에 곧바로 참고해서 처리해봐야겠습니다.

문장을 바꿨더니 훨씬 친절하게 느껴집니다. 가지고 있는 생각을 적당히만 포장하면 속마음은 그대로지만, 상대에게 더 효과적으로 전달할 수 있습니다.

Q : 조금 낯간지러운 것 같아요. 괜히 빈말로 아부하는 것도 같고요.

A : 다시 한 번 말하자면, 짧은 말을 길게 늘이는 기술은 마음에 없는 소리를 하거나 거짓말을 하는 게 아닙니다. 솔직한 마음을 더 확실하게 전달하는 거죠. 마음을 더 확실히 전달하고 싶은 생각이 들 때만 사용하면 됩니다. 매번 말을 포장하면 말하는 사람도 에너지가 들지만, 듣는 사람도 익숙해지기 마련입니다. 필요할 때만 쏙쏙 꺼내서 사용해 봅시다.

함부로
남을 진단하지 말자

"지금 네가 하는 업무는 전혀 힘든 일이 아니지."

맞습니다. 사실 나도 그렇게 생각하는 중입니다. 바쁜 프로젝트를 마무리한 덕분에 요즘 한가하니까요. 하지만 왠지 이 말을 남에게 전해 들으니 썩 유쾌하지는 않습니다. 마음 한구석에서 반발심이 듭니다. '당사자도 아니면서 왜 내 일에 관해 쉽게 말하지?' 하면서 말입니다. 상대를 바라봅니다. 이런, 악의가 전혀 없는 것 같습니다. 아무런 대꾸를 하지 않았습니다. 물론 그렇다고 해서 이미 상한 마음이 되돌아오진 않습니다.

나쁜 의도 없이, 보이는 그대로 이야기했을 뿐인데 듣는 사람이 오해하는 이유가 뭘까요? 답부터 말하자면 자신도 모르게 남을 진단했기 때문입니다. 먼저 '자기 진단'에 관해 이야기해야겠네요. 사전적 정의부터 알아봅시다.

- 자기 진단: 다른 사람과 비교하여 자신의 개성을 평가하는 일 (사전적 정의)

이제 '1분 말하기'식으로 바꿔볼 차례입니다. 1분 말하기에서는 자기 진단을 다음처럼 정의합니다.

- 자기 진단: 나에 관해 스스로 진단을 내리는 것 (1분 말하기 정의)

마치 의사가 환자의 병 상태를 판단하는 것처럼, '나는 이런 특성이 있다.'라고 스스로 진단을 내리는 겁니다. 자기 진단은 꼭 필요한 과정입니다. 객관적 시선으로 자신을 관찰하고 평가하면서 스스로 성장하기 때문입니다. 하지만 말 그대로 자기 진단은 '스스로' 진단을 내릴 때만 사용해야 합니다. '남은 이런 특성이 있다.' 하면서 타인에 관해 진단 내리는 것은 주의해야 합니다. 앞에서 말한 사람처럼 말이죠.

Q : 좋은 의도로 말할 때도 있잖아요. 그때는 괜찮은가요?

A : 칭찬하고 싶은 마음에 꺼낸 말이라고 해도, 상대나 상황에 따라서 의도가 다르게 해석될 수 있습니다. 제 이야기를 잠깐 해야겠네요. 오랜만에 만난 상사에게 이렇게 말했습니다.

"옛날보다 확실히 인상이 좋아지셨어요."

예전보다 달라진 모습이 훨씬 보기 좋다는 뜻입니다. 물론 좋은 의도로 한 말이지만, 듣는 사람에 따라 이렇게 오해할 수도 있습니다. '내가 예전엔 그렇게나 생김새가 별로였나?' 하면서 말이죠.

반대로 앞에서 한 말을 자주 만나지 못한 동기에게 했다고 가정해 봅시다. 그러면 "맞아. 요새 마음이 편해서 그런가 봐."하고 너스레를 떨며 서로 웃음 지었을 겁니다. 물론 상사 중에서도 앞에서 말한 동기와 같이 반응하는 사람도 있을 겁니다. 하지만 다른 방향으로 해석될 만한 여지가 조금이라도 있는 말이라면 차라리 아끼는 게 좋습니다. 상대에 관해 판단을 내리는 것만큼, 평가하는 것도 주의해야 합니다.

1분 말하기
전달의 기술

짧은 말 → 긴말 늘리기 실전①
피하는 게 답이다

영혼 없는 말도
상대는 감동한다

하고 싶은 말이 없는데 상대와 대화해야만 할 때, 어떻게 하나요? 대부분 억지로 이야깃거리를 만들면서까지 말을 이어가기 위해 노력합니다. 1분 말하기에서는 무조건 정면 돌파만이 정답이라고 하지 않습니다. 피하고 싶다면 피해야 합니다. 물론 대화 흐름이 툭, 끊기지 않고 자연스럽게 말하는 기술이 있어야겠죠.

이번 장에서는 하고 싶은 말이 없는 상황일 때, 짧은 말을 긴말로 늘려서 상황을 피하는 기술에 관해 설명합니다. 처음으로 설명할 기술은 '빈말 기술'입니다.

Q : 빈말하는 게 왠지 거짓말하는 것처럼 느껴져요.

A : 빈말은 거짓말과 동의어가 아닙니다. 빈말은 바꿔 말하면 '마음이 없는 말'이고, 거짓말은 '마음이 없지만 마치 있는 것처럼 속이는 말'입니다. 1분 말하기에서는 빈말을 다음처럼 정의합니다.

'화제를 끝내기 위해서 사용하는 말'

여러분은 주로 언제 빈말을 하나요? 좋지도 또 싫지도 않은데, 어떤 말이라도 해야만 할 때 자주 사용합니다. 또 확실한 의견이 있는데, 상대에게 상처가 될까 봐 말을 아낄 때도 사용합니다. 예를 들어 헤어샵에 다녀온 동료가 펌이 잘 된 것 같냐면서 물었다고 가정해 봅시다. 뭐라고 말할지 고민이 됩니다. 잘 된 것도 같고, 아닌 것도 같거든요. 사실은 별 관심이 없어서 모르겠다는 게 솔직한 마음입니다. 반대일 수도 있습니다. 너무 어울리지 않는다는 생각이 드는데, 되돌릴 수 있는 일이 아니니 그대로 말할 수는 없습니다. 그럴 때 이렇게 말하면 어떤가요?

"평소 입는 옷 스타일이랑 잘 어울리는 것 같아요."

거짓말은 하지 않았습니다. 만약 펌을 한 모습 자체가 보기 좋다고 칭찬했다면 거짓을 말한 것이겠죠. 하지만 패션과 잘 어울린다고 한 말은 그렇지 않습니다. 평소 추구하는 패션과 새로 한 헤어스타일의 분위

80 1분 말하기 기술

기가 맞아 보여서 건넨 말이기 때문이죠.

빈말은 없는 마음을 억지로 만들어 내서 하는 말이 아닙니다. 마음이 아닌, '숨겨진 장점'을 찾아내서 상대에게 전달하는 말입니다. 그러면 말하는 사람은 화제를 끝내서 난감한 상황을 피할 수 있어서 좋고, 듣는 사람은 배려를 받고 있다는 생각이 듭니다. 내가 한 빈말이 상대에게는 감동으로 다가갈 수도 있습니다.

앞에서 말한 것처럼 빈말할 때는 상대, 상황 속에 숨겨진 장점을 잘 찾기만 하면 됩니다. 방법을 다음에서 알아봅시다.

1. 상대, 연관된 것 속에 숨겨진 장점 찾기

관찰 스위치를 켜봅시다. 상대 자체와 주변에 연관된 것들을 찬찬히 관찰해봅시다. 어떤 좋은 점이 있고, 잘하는 점을 갖고 있나요? 그것이 숨겨진 장점입니다. 예를 들어 상대의 기획안에 관해 이야기해야 한다고 해봅시다. 아무런 의견이 없거나, 아니면 할 말은 있지만 꺼낼 수는 없는 상황입니다. 화제를 끝내기 위해서 다음처럼 말합니다.

- 작성자의 색깔이 확실히 드러나는 것 같아요.
- 구분이 잘 되어있어서, 한눈에 보기 쉽네요.
- 기존 기획안과 진행하는 흐름이 달라서 색다르네요.
- 생각하지 못했던 부분을 알려주는 점이 좋아요.

2. 상황 속에 숨겨진 장점 찾기

상황도 마찬가지로 관찰 스위치를 올려서 숨겨진 장점을 찾아봅시다. 예를 들어 회사 바깥에서 큰 공사를 시작해 온종일 소음이 들려온다고 가정해 봅시다. 시설관리자가 너무 시끄러워서 어떻게 하냐고 민망해합니다. 공사를 해서 생기는 좋은 점이 무엇인지 떠올려 봅니다. 이렇게 대답하면 어떤가요?

- 점심 식사하고 노곤할 때는 오히려 잠을 깰 수 있어서 좋은걸요.
- 공사가 끝나면 창고가 생긴다면서요? 더 편해지는데 이 정도는 감수해야죠.
- 늘 똑같은 회사생활인데, 가끔은 이런 이벤트 있는 것도 나쁘지 않죠.
- 소음이 들리면 다 같이 탕비실에 커피 마시러 가자고 하셔서 좋은걸요.

이렇게 '빈말 기술'만 잘 사용해도, 난감한 상황에서 벗어날 수 있습니다. 한 단계 더 나아가면 상황을 피하는 것뿐만 아니라 주도하는 것, 정면 돌파도 가능해집니다. 내가 먼저 상대에게 다가가 칭찬을 건네는 식으로 말이죠. 하지만 물론 여러분이 원해야만 가능하겠죠. (1분 말하기 정면 돌파 기술은 4장에 담아뒀습니다.)

논점을 흐려
화제를 바꾸자

난감합니다. 하고 싶은 말은 있는데, 왠지 그대로 꺼내면 안 될 것 같습니다. 상대가 기분 나빠하거나, 상황이 안 좋게 흘러갈 것 같습니다. 아무리 다듬어서 말하려고 해도 도저히 방법이 떠오르지 않습니다. 자꾸만 입 밖으로 거친 문장이 튀어 나갈 것만 같습니다. 이럴 때는 차라리 상황에서 벗어나는 것이 좋습니다. 바로 '논점 흐리기 기술'을 사용해서 말이죠.

우선 논점에 관한 이야기부터 해야겠네요. 토론할 때, 그 안에는 항상 중심이 되는 문제점인 '논점'이 있습니다. 예를 들어 "정크푸드는 완전식품일까?"라는 논점으로 토의한다고 가정해 봅시다. A팀은 "좋다." 입장이고, B팀은 "나쁘다."라는 생각입니다. A팀이 정크푸드의 영양학적 가치에 관해 설명하기 시작합니다. 청중이 고개를 끄덕입니다. 다급

해진 B팀이 이렇게 말합니다.

"하지만 정크푸드를 먹을 때마다, 우울감을 증폭시킨다는 연구 결과가 있습니다."

영양학적 가치에 관해 말하고 있는데, 갑자기 감정에 관한 이야기를 합니다. 전혀 관련 없는 소리입니다. 이렇게 뜬금없는 주제로 화제를 바꾸는 것이 논점을 흐리는 방법입니다.

토론에서와는 달리 1분 말하기에서는 '논점 흐리기 기술'은 내가 대답하기 곤란한 주제로 대화할 때, 화제를 말하기 유리한 쪽으로 바꿀 수 있습니다. 다시 말해 논점을 흐려서 대화 주제를 아예 바꿔버리는 겁니다. 상상해 봅시다. 상사가 다른 직장 동료에 관해 물어봅니다.

• 김 대리가 일은 잘하는데, 후배들 사이에서는 안 좋은 평이 많지?

여러분은 뭐라고 대답할 건가요? 할 말은 명확하게 있습니다. 하지만 상황을 살펴보니 최대한 말을 아끼는 게 좋을 것 같습니다. 지금이 바로 논점을 흐릴 시간입니다. 다음 대답이 '논점 흐리기 기술'을 사용한 부분입니다.

• 김 대리가 의견을 강하게 말하는 편이긴 하죠. 그만큼 피드백도 확실하고요.

이 말을 들은 상사는 "김 대리가 확실히 말투가 강한 편이긴 하지." 하고 동의할 겁니다. 또 다음 질문도 곧이어 떠오릅니다. "그런데 피드백이 확실하다니? 어떻게?" 처음과 다른 질문이 생기는 겁니다. 이처럼 '논점 흐리기 기술'을 쓰면 상대에게 새로운 궁금증이 생깁니다. 원래 했던 질문은 '후배들 사이 평판이 궁금하다.'였지만 이제 바뀌었습니다. 질문이 바뀌면 화제도 함께 따라갑니다. 이렇게 논점을 흐리는 겁니다. 이제 방법을 알아봅시다.

1. 동의하기

상대가 한 질문에 동의부터 해봅시다. 곧바로 논점을 흐리면 상대가 의아해할 수도 있습니다. 흐름이 자연스럽도록 상대가 한 질문을 따라 해봅시다. 여기서 주의해야 할 점은 상대 말을 똑같이 따라 하지 말고, 뜻은 같되 모양만 조금만 다르게 바꿔서 말해야 한다는 겁니다. 부정적인 내용을 그대로 따라 하면 난감한 상황이 생기기 때문이죠. 다음 문장이 부분이 동의하기 기술을 사용한 부분입니다.

- 후배들 사이에서는 <u>안 좋은 평</u>이 많긴 하죠.
  → 김 대리가 <u>의견을 강하게 말하는</u> 편이긴 하죠.

김 대리가 평이 좋지 않은 이유는 여러 가지일 겁니다. 말투가 강해서일수도 있고, 강요하는 듯한 업무처리 방식이 문제일 수도 있죠. 이 중에 가장 말하기 편한 점을 골라서 동의해 봅시다.

2. 잘 대답할 수 있는 화제로 바꾸기

이제 본격적으로 화제를 바꿀 시간입니다. 이야기 속 인물과 연관된 것 중에, 내가 쉽게 대답할 수 있을 만한 내용을 꺼내서 바꿔봅시다. 다음 밑줄 친 부분처럼 말이죠.

- 김 대리가 의견을 강하게 말하는 편이긴 하죠. <u>그만큼 피드백도 확실하고요.</u>

Q : 상대가 논점을 흘린다는 걸 알아차리면 어쩌죠?

A : '논점 흘리기 기술'은 상대가 눈치채지 못하게 사용하는 기술이 아닙니다. 말의 뉘앙스는 메시지에서부터 시작합니다. 티 내려 하지 않아도 자연스럽게 밖으로 보이는 법입니다. "너 참, 말 잘한다."라고 똑같이 말해도 뉘앙스에 따라 다르게 들리는 것과 같죠. 앞에 나온 사람이 전달하고 싶은 메시지는 "맞지만 대답하기 난감합니다."입니다. 상대가 알아차렸다면, 오히려 메시지가 잘 전달 된 겁니다.

Q : 이야기 속 인물에 관해 잘 대답할 화제가 하나도 없으면요?

A : 만약 흘릴 논점이 보이지 않는다면 이때는 말보다 행동으로 메시지를 전달하는 게 좋습니다. 상사 말에 웃음으로 답하는 거죠. 긍정도 부정도 하지 않는 겁니다. 때로는 침묵이 메시지를 가장 잘 전달합니다.

1분 말하기 기술

할 말이 없다면
주도권을 넘겨라

상사와 단둘이 오랜 시간 한 공간에 있어 본 적 있나요? 저도 그런 적이 있습니다. 이른 새벽부터 출장지로 이동하기 위해 상사의 자동차에 올라탔을 때 일입니다. 4시간을 운전해야 하는 상사를 위해 집에서 미리 주전부리도 챙겨왔습니다. 가져오길 참 잘했습니다. 덕분에 어색한 분위기가 한층 풀렸고, 이런저런 대화를 시작할 수 있었기 때문입니다.

그런데 1시간 뒤에 문제가 생겼습니다. 주전부리가 떨어졌습니다. 이제 더는 할 말이 없습니다. 업무 관련 이야깃거리는 이미 한참 전에 다 꺼내 썼습니다. 어쩔 수 없이 하기 싫은 사적인 이야기를 꺼내야 합니다. 자꾸만 시계만 들여다봅니다. 아직도 3시간이나 같이 있어야 합니다.

이때 사용하는 기술이 있습니다. 바로 '주도권 넘기기' 기술입니다. 이 기술은 상대가 눈치채지 못하도록 넌지시 대화 주도권을 넘기는 기술입니다. 대화 주도권이 넘어간다는 것은 나보다 상대가 대화에 더 많은 지분을 차지하게 된다는 의미입니다. 내게 먼저 질문을 던지거나, 이야깃거리를 꺼내는 식입니다. 다음을 순서대로 봅시다.

1. 경험 드러내기

먼저 상대에게 궁금한 부분을 질문합니다. 상대가 이야기를 자연스럽게 시작할 수 있도록 내가 먼저 말문을 여는 거죠. 다음 두 문장을 비교해봅시다.

• 과장님은 신입사원 시절에 어떠셨나요?

→ 요즘 매일 아침, 알람 시간보다 5분 일찍 일어나게 됩니다. 무의식중에 출근 시간을 지키지 못할까 봐 걱정하는 것 같습니다. 과장님은 신입사원 시절에 어떠셨나요?

상대가 눈치채지 못하도록 넌지시 질문하려면, 밑줄 친 부분이 중요합니다. 바로 '경험 드러내기'입니다. 이 기술은 질문하기 전, 우선 내용과 관련된 나의 경험을 먼저 꺼내는 과정입니다. 지금 한번 상상해 봅시다. 만약 내가 듣는 사람이라면 위 밑줄 친 경험을 듣고 나서 어떤 생각이 드나요? '나도 그랬었는데, 옛날 생각나네.'라던가. '왜 그러지? 나

는 전혀 그러지 않았었는데, 요즘 일이 힘든가?'라면서 자기 경험을 떠올리게 됩니다. 이미 과거에 겪은 일에 대해 생각하고 있는 도중에 누군가 질문을 던지면, 나도 모르게 관련된 경험에 관해 말문을 열게 됩니다. '경험 드러내기' 기술을 사용하면 듣는 사람은 질문에 대답하기가 훨씬 쉬워집니다.

2. 넌지시 질문하기

만약 '경험 드러내기' 기술을 사용했는데도, 아직 상대가 자기 경험을 이야기하기를 조심스러워한다면 이번에는 질문을 조금 바꿔봅시다. '넌지시 질문하기' 기술을 사용하는 거죠. 다음 문장을 봅시다.

- 과장님은 신입사원 시절에 어떠셨나요?
  → 과장님은 신입사원 시절에 긴장을 잘 하지 않으셨을 것 같아요.

(넌지시 질문하기)

넌지시 질문하려면 다음 규칙을 따르면 됩니다. 첫째는 판단하지 말고 추측하기, 둘째는 물음표 말고 마침표로 끝내기입니다. 우선 다음처럼 추측부터 해봅시다.

- 과장님은 신입사원 시절에 긴장을 잘 안 했을 것 같다. (추측)
- 과장님은 신입사원 시절에 업무처리를 빠르게 했을 것 같다. (추측)
- 과장님은 신입사원 시절에 선배들과 돈독하게 지냈을 것 같다. (추측)

추측이 끝났다면 그중 하나를 골라 상대에게 그대로 물어봅시다. 여기서 주의할 점이 있습니다. 말을 끝맺을 때 물음표가 아니라 마침표로 바꿔야 합니다. 내가 추측한 것 중 하나가 답이라고, 스스로 단정을 내리면 됩니다. 그러면 상대는 '맞다.' 또는 '틀리다.'라면서 자신의 이야기를 근거로 꺼내기 시작할 겁니다. 자, 이제 처음 했던 질문과 '주도권 넘기기' 기술을 같이 사용한 문장을 비교해봅시다.

> • 과장님은 신입사원 시절에 어떠셨나요?
> → 요즘 매일 아침, 알람 시간보다 5분 일찍 일어나게 됩니다. 무의식중에 출근 시간을 지키지 못할까 봐 걱정하는 것 같습니다. 과장님은 신입사원 시절에 긴장을 잘 하지 않으셨을 것 같아요.

만약 상대가 자기 경험을 풀어놓기 시작했다면 '주도권 넘기기' 기술은 성공입니다. 이제 입장이 뒤바뀌었습니다. 상대가 이야기를 주도하고, 우리는 그에 맞는 반응만 해도 충분히 대화에 열심히 참여하고 있다는 이미지를 줄 수 있습니다.

어색할 때는
이렇게 질문하자

상상해 봅시다. 아침 출근길, 사무실로 올라가는 엘리베이터 문이 닫히려고 합니다. 급하게 달려서 열림 버튼을 눌렀는데, 안에 누군가 먼저 타고 있습니다. 공기가 다릅니다. 아, 부장님입니다. 사무실은 7층인데, 여전히 3층입니다. 어색한 공기가 싫어서, 어렵게 한 마디 꺼내 봅니다. "부장님, 오늘 날씨가 굉장히 좋은 것 같습니다." 그런데 아직도 7층은 멀게만 느껴집니다.

이때 필요한 건 뭐죠? 어김없이 1분 말하기 기술이 등장해야 합니다. 바로 '질문하기 기술'입니다. 다음처럼 사용해 봅시다.

"부장님, 오늘 출근길 막히지 않았습니까? 사고가 났나 싶더라고요."

이렇게 말하면 상사의 대답은 둘로 나뉩니다. "그렇다." 혹은 "아니다."입니다. 이렇게 질문하기 기술을 사용하면 상사는 조금 전 출근길을 떠올리게 됩니다. 출근길이 막혔는지, 아닌지. 만약 막혔다면 어디서 막혔는지를 생각할 것입니다. 오래전 일이 아니니 쉽게 대답할 것입니다. 이제 다음처럼 질문하기 기술을 연속해서 사용해 봅시다.

나　　: 부장님, 오늘 출근길 막히지 않았습니까? 사고가 났나 싶더라고요.

상사 : 아뇨, 나는 별로 안 막히던데요?

나　　: 혹시 어느 방향으로 오셨습니까?

상사 : 큰 도로는 늘 막히니 뒷길로 돌아서 왔죠.

나　　: 그럼 매번 뒷 길로 오시는 거죠?

상사 : 매번 그런 건 아니에요. 월요일엔 옆길로 오는 편이에요.

나　　: 버스 정류장이 그쪽에도 있나요?

상사 : 잘 모르겠어요. 나는 자차로 다녀서.

어떤가요. 밑줄 친 부분을 주목해서 봅시다. '질문하기 기술'을 사용하니, 상대가 답을 합니다. 상사와 전혀 관련 없는 뜬구름 잡는 이야기도 아니고, 그렇다고 너무 깊고 사적인 주제도 아닙니다. 서로 공감할 만한 주제로 간단한 대화를 나누는 방법은 쉽습니다. 딱, 이것만 기억하면 됩니다.

'쉽게 답할 수 있는 질문하기'

밑줄 친 부분처럼 질문하면, 상대는 쉽게 답을 할 수 있습니다. 사실만 말하면 되기 때문입니다. 다시 강조하지만, 쉽게 대답할 수 있는 질문을 해야 합니다. 가벼운 질문도 상관없습니다. '오늘 출근길이 막히지 않았습니까?'라는 질문으로 시작해 어색한 상황을 잘 모면하는 데 성공했습니다.

> **Q :** 상대가 쉽게 답할 수 있는 질문거리가 다 떨어졌어요. 더는 할 질문이 없는데, 대화를 계속 이어나가야 해요. 어떻게 하면 되나요?
>
> **A :** 사실 질문이 과하면 마치 취조 하는 것처럼 보일 수도 있습니다. 그럴 때는 '생각'을 더해서 말하면 됩니다. 그러면 상대가 또 다른 질문을 하게 되어 대화가 이어집니다. 마지막 질문에 다음과 같은 '생각'을 더해봅시다.

"버스 정류장이 그쪽에도 있나요?"

→ "버스 정류장이 그쪽에도 있나요? 아니라면 차를 갖고 다녀야 할지도 모르겠네요." (생각)

버스를 탄다고 하던 사람이 갑자기 차를 갖고 있다고 합니다. 만약 여러분이 상사라면 어떤가요? 자동차가 있는데 왜 대중교통을 타는 건지 궁금해집니다.

"버스 정류장이 그쪽에도 있나요? 아니라면 차를 갖고 다녀야 할지 도 모르겠네요."

→ "잘 모르겠어요. 나는 자차로 다녀서. <u>그런데 차가 있는 데도 대중 교통 이용해서 출근하는 건가요?</u>" (역질문)

이제 역할이 바뀌었습니다. 내 '생각'을 더했을 뿐인데, 상대가 질문 하기 시작해서 다음처럼 대화는 이어집니다. 밑줄 친 부분에 집중하면 서 다음 대화를 봅시다.

나 : 버스 정류장이 그쪽에도 있나요? <u>아니라면 차를 갖고 다녀 야 할지도 모르겠네요.</u> (생각)

상사 : 잘 모르겠어요. 나는 자차로 다녀서. <u>그런데 차가 있는 데도 대중교통 이용해서 출근하는 건가요?</u> (역질문)

나 : 네, 자차로 출근할 때 보통 40분이 걸리는데, 막힐 때는 2시 간 넘을 때도 있더라고요. 그래서 자차, 대중교통 둘 다 병 행하고 있습니다.

상사 : 2시간이 넘게 걸렸다고요? 어디서 출근하길래 그렇게 오래 걸려요?

나 : 해운대에서 출근합니다.

대답은 이렇게 하자

Q : 상대 질문에 대답을 잘하는 방법도 있나요?

A : '대답하기 기술'에 관해 이야기할 차례네요. 대답만 잘해도 대화를 더 길게 이어 나갈 수 있습니다. 만약 상대가 던진 질문에 다음처럼 대답했다고 가정해 봅시다.

- 잘 모르겠어요. 나는 자차로 다녀서. 그런데 차가 있는 데도 대중교통 이용해서 출근하는 건가요?

1. 네, 자차로 출근하면 많이 막혀서 너무 힘들더라고요. (감정 대답하기)

2. 네, 자차로 출근할 때 보통 40분이 걸리는데, 막힐 때는 2시간
   넘을 때도 있더라고요. 그래서 자차, 대중교통 둘 다 병행하고
   있습니다. (사실 대답하기)

어떤가요? 1번처럼 대답하면 상대는 '그런가 보다.'하고 수긍할 확률
이 높습니다. 밑줄 친 문장을 다시 한 번 봅시다. 이 부분이 바로 '감정
대답하기'를 사용한 부분입니다.

감정을 드러내야 좋은 상황도 분명 있습니다. 뒤에서 말하겠지만,
상대를 칭찬할 때가 그렇습니다. 하지만 대화를 이어나가야 할 때는
'감정 대답하기'는 조심해야 합니다. 감정을 담은 대답을 들은 상대는
만약 질문거리가 떠올린다고 해도, 입 밖으로 꺼내기가 부담스럽습니
다. 감정은 가장 개인적인 영역이기 때문입니다.

앞 장에서 이야기한 대화 내용을 다시 한 번 봅시다. 밑줄 친 문장이
대답하기 기술을 사용한 부분입니다.

나   : 버스 정류장이 그쪽에도 있나요? 아니라면 차를 갖고 다녀
        야 할지도 모르겠네요.
상사 : 잘 모르겠어요. 나는 자차로 다녀서. 그런데 차가 있는 데도
        대중교통 이용해서 출근하는 건가요?
나   : 네, 자차로 출근할 때 보통 40분이 걸리는데, 막힐 때는 2시
        간 넘을 때도 있더라고요. 그래서 자차, 대중교통 둘 다 병
        행하고 있습니다. (사실 대답하기)
상사 : 2시간이 넘게 걸렸다고요? 어디서 출근하길래 그렇게 오래

걸려요?

나 : 해운대에서 출근합니다. (사실 대답하기)

이렇게 대답하면 대화를 이어 나가기 훨씬 쉬워집니다. 대화를 잘하고 싶으면 "공감대를 형성하라."라고 합니다. 공감대는 대화하는 사람에 관한 정보를 얻는 것에서부터 시작하죠. 앞에서 말한 '대답하기 기술'을 사용한 부분을 다시 봅시다. 어떤가요? 나와 관련된 정보를 상대에게 구체적으로, 상세하게 알려주고 있습니다. 이동 수단이 무엇인지, 또 얼마나 걸리는지 숫자를 써서 말하면서 말입니다. 상대가 정보를 요구하기 전에 먼저 주는 겁니다.

이렇게 대답하면 상대는 어떤 생각이 들까요? 자신도 모르게 정보가 사실인지 확인하려 합니다. 언제 2시간이나 걸렸는지, 어떤 이동 수단을 주로 타고 출근하는지와 같은 걸 말이죠. 정보를 바탕으로 나에게 새로운 질문을 하게 되는 겁니다. 또, 질문하는 것뿐만 아니라 나에 관해 더 많이 알게 되는 건 덤입니다. '대답하기 기술'은 이 규칙만 잘 지켜서 사용하면 됩니다.

• '감정 대답하기'가 아니라, '사실 대답하기'로 말하자.

앞 장에서 '질문하기 기술'을 어떻게 사용했는지 떠올려 봅시다. 질문에 '생각'을 더해서 물었었죠. 대답하기 기술은 '사실' 그대로 설명하면 됩니다. 여기서 중요한 점은 '구체적'일수록 좋다는 겁니다.

Q : 하지만 개인적인 이야기라 조금 조심스러워요.

A : 다시 말하자면, 대답하기 기술은 상대에게 정보를 주는 과정입니다. 더 풀어서 말하면 '내가 공개할 수 있는 정보'를 말합니다. 사적인 이야기 중에서도 특이한 내용이 아닌, 보편적인 것은 알려주기에 부담이 덜합니다. 눈에 띄지 않고 모두가 겪는 이야기로 대답해 봅시다.

어디서든 통하는
주제를 꺼내라

이제 우리는 어색한 사람을 만났을 때는 쉽게 답을 할 수 있는 질문을 해야 하고, 대답할 때는 구체적인 사실을 말해야 한다는 것을 알았습니다.

Q : 그런데 어떤 주제로 질문해야 할지 모르겠어요.

> **A :** 이왕이면 상대방이 관심 있는 주제로 질문을 던지고, 대답하면 좋겠죠. 하지만 어색한 사이에 공감 가는 주제를 찾기는 쉽지 않습니다. 그러면 누구나 관심 있는, 보편적인 주제로 이야기하면 됩니다. 다음과 같은 것들입니다. 하나씩 차례대로 살펴봅시다.

1. 교통 상황

앞에서 봤던 주제입니다. 출·퇴근 정보는 직장인이라면 누구나 관심 있을 수밖에 없습니다. 교통 상황을 주제로 다음과 같은 질문을 만들어 봅시다.

- 오는 길에 차 막히던데 괜찮으셨어요?
- 어느 방향으로 오세요?
- 퇴근 후 어떤 도로로 가세요?

여기서 잠깐! 앞 장에서 배웠던 것처럼 한 단계 더 나아가려면 질문 뒤에 '생각' 또는 '추측'을 더하면 됩니다. 질문만 할 때보다 상대가 대답하기 훨씬 쉬워지기 때문입니다. 다음처럼 말하면 좋습니다.

- 오는 길에 차 막히던데 괜찮으셨어요? 사고가 났나 보더라고요. (추측)
- 어느 방향으로 오세요? 저는 이 길로 오는 데, 더 빠른 것 같더라고요. (생각)
- 퇴근 후 어떤 도로로 가세요? 오후부터 이 앞 도로를 통제한다고 해서 저는 돌아가려고요. (생각)

2. 정기적 이벤트

주, 월, 년 단위로 전 국민이 정기적으로 참여하는 이벤트가 있습니다. 세금, 자동차 안전 점검, 도시가스 안전 점검, 명절, 어린이날과 같은 것들입니다. 다음은 정기적 이벤트를 주제로 만든 질문입니다.

- 재산세 납부하셨어요? 9월까지 납부해야 한다고 해서 저는 미리 하려고요. (생각)
- 도시가스 안전 점검하셨어요? 2차 방문까지 해야 한다고 해서 이번 주에 하려고요. (생각)
- 명절에 혹시 기차로 이동하세요? 기차표 사전 예약하면 좋다길래 알아보고 있어요. (생각)
- 어린이날 선물 준비하세요? OOO 쇼핑몰에서 특별 세일을 할 예정이라 고민이네요. (생각)

3. 비정기적 이벤트

일정 주기는 없지만, 자주 일어나는 비정기적 이벤트가 있습니다. 지자체에서 진행하는 행사, 이슈와 같은 것들입니다. 다음은 비정기적 이벤트를 주제로 만든 질문입니다.

- 이번 주말에 축제가 많다던데, 보셨습니까? OOO에서 꽃 축제를 개최한다고 하길래 저도 가보려고요 (생각)
- OOO 수목원이 새로 개장했다고 하던데, 가 보셨습니까? 주차비가 아직 무료라 지금 가면 좋을 것 같습니다. (추측)
- 이번에 지원금 나온다던데 신청하셨습니까? 주말엔 사람이 많을 것 같아서 오늘 갈까 싶습니다. (추측)

여기서 마음에 드는 질문을 하나 골라봅시다. 질문과 대답을 하는 방식을 3번 정도 반복해서 대화하면 1분 정도는 어색하지 않게 대화할 수 있습니다.

Q : 추측이 틀리면 어떻게 하죠?

A : 추측은 말 그대로 불확실한 일에 대해 생각을 말하는 것입니다. 언제든 틀릴 수 있다는 가정을 하는 것과 같죠. 정답이 아니라면 상대가 정정해줄 확률이 높습니다. 그렇게 대화는 이어집니다.

여기서 잠깐! 평소 주변에 관심을 많이 가지면 가질수록 주제가 잘 떠오릅니다. 굳이 시간을 내 공부하라는 뜻이 아닙니다. 출근길에 듣는 라디오, 인터넷 서핑을 하다가 본 기사에서 얻은 정보를 기억해두는 것만으로도 충분합니다.

공감이 어려우면,
정리하고 물어라

"그냥 공감 좀 해주면 좋겠는데…, 왜 늘 해결책을 먼저 주는지 모르겠어요."

MBTI를 주제로 만든 '토크똑띠', 유튜브 채널 동영상에 자주 달리는 댓글입니다. 감정을 중요하게 여기는 F 유형이 논리와 사고에 집중하는 T 유형에게 하는 말이죠. 사실 저도 많이 들었던 이야기입니다. 알고 보니 가족뿐만 아니라, 친구 대부분이 F 유형이더군요. 가끔 MBTI가 지금만큼 대중적이지 않았던 시절이 그립기도 합니다. 예전에는 앞에서 한 말처럼 구체적으로 문제를 설명해줬습니다. 하지만 요즘에는 다르죠. 이렇게 말합니다.

"너 T 유형이지?"

마치 T 유형은 공감을 잘하지 못하는 사람이라고 들립니다. 억울합니다. 저도 상대가 느끼는 마음을 함께 느끼고, 나아가서는 돕고 싶어 합니다. 단지 감정보다 실질적으로 도움이 되는 방법이 무엇인지를 더 우선해서 고민하는 것뿐입니다. 그러다 보니 문제 자체에 집중하고 해결책을 찾아서 이야기하게 된 겁니다.

말하기 강사가 되고 난 후에는 주변에서 이런 말을 자주 합니다. "강사가 되더니 공감 능력이 예전보다 나아졌다."라고 말이죠. 이상합니다. 아무리 생각해도 본질은 달라진 게 없습니다. 여전히 방법을 더 우선 하는데도 불구하고 듣는 사람이 다르게 느끼는 이유가 뭘까요? 바로 메시지를 전달하는 방식이 변했기 때문입니다. 우선 예부터 들어볼까요. 직장 동료가 이렇게 말합니다.

• 부장님은 나만 못 잡아먹어서 안달이야.

이유를 물어보니 오전 회의 시간에 자신에게만 강하게 피드백했다고 합니다. 아닙니다. 상사는 공평합니다. 누구에게나 똑같이 압박을 줍니다. 목 끝까지 하고 싶은 말이 가득 찼습니다. 예전이라면 곧바로 이렇게 대답했을 겁니다. "부장님 스타일이 그런 편이지. 최근에 김 대리한테도 그랬잖아. 너무 곱씹지 말고 한 귀로 듣고 흘려." 하지만 지금이라면 다르게 전달할 겁니다. 1분 말하기 기술 '공감하기 기술'을 사용해서 말입니다. 공감하기 기술은 다음 순서를 지켜서 활용하면 됩니다.

1. 감정 정리하기

상대방이 한 말을 제대로 살펴봅시다. 2장, '말을 잘하려면 관찰 스위치부터 켜야 한다.'에서도 말했지만, 왜 이런 말을 했는지 의도를 해석하기 전에 말속에 숨어있는 감정부터 집중해야 합니다. 정보가 모이면 모일수록 의도를 해석하는 정확도가 올라가기 때문이죠. 회의 시간 내내 민망하고 하루를 망친 것 같은 마음이 들었을 것 같습니다. 이제 정리해서 상대에게 다시 돌려줄 차례입니다.

- 회의 시간에 너만 혼났다니, 엄청 민망했겠네. 세상에 아침부터 기분 나빠서 어떻게 해.

이렇게 말하면 곧바로 해결책을 제시하는 것보다 훨씬 공감하고 있다는 이미지를 줄 수 있습니다. 상대가 느꼈을 감정을 혼자서 이해하지 않고 말로 전달했기 때문이죠. 이때 중요한 점은 '감정 정리하기'를 하고 난 뒤에는 충분한 시간이 필요하다는 점입니다. 상대방이 감정을 소화하도록 기다려 줍시다. 방법은 간단합니다. 상대 말속에 숨은 감정을 계속 정리하면서 대화하는 겁니다.

2. 과정 물어보기

관찰 스위치를 켜 봅시다. 격했던 감정이 어느 정도 잦아든 것 같습니다. 이제 진짜 하고 싶었던 말을 할 차례입니다. 먼저 하고 싶은 말을 하기 전에 이렇게 질문부터 해 봅시다.

· 그런데 저번에도 그런 적 있지 않아? 다른 사람들 기획서는 코멘트도 없이 그냥 지나갔어?

만약 해결책을 제시하고 싶다면, 문제에 관해 물어봐야 합니다. 상대 이야기 속 과정이 어땠는지를 물으면서 핵심에 다가갑시다. 물론 감정이 정리되지 않은 상태에서는 이 말이 전혀 들리지 않는다는 점을 유의하면서 말입니다. 앞에서 말한 상황을 대화로 정리하면 다음과 같습니다.

감정 정리하기	상대 : 부장님은 나만 못 잡아 먹어서 안달이야. 회의 할 때 나한테만 강하게 피드백한다니까!
	나 : 회의 시간에 너만 혼났다니, 엄청 민망했겠네. 세상에 아침부터 기분 나빠서 어떻게 해.
	상대 : 그러니까 말이야. 후배들도 있는데 얼굴을 못 들겠더라고. 큰일도 아닌데, 따로 불러서 말해도 괜찮잖아?
	나 : 후배들 앞이면 더 속상하지. 너라면 나중에 좋게 말해도 잘 이해했을 텐데
	상대 : 맞아. 하루 이틀 보는 사이도 아닌데, 그 정도는 알아주면 서로 좋잖아.
과정 물어보기	나 : 그런데 저번에도 그런 적 있지 않아? 다른 사람들 기획서는 코멘트도 없이 그냥 지나갔어?
	상대 : 그럼! 한, 두 번이 아니지. 저번 주에도 그랬어. 박 대리한테도 몇 마디 코멘트하고 넘어가기는 했지.
하고 싶은 말	나 : 부장님 스타일이 그런 편이지. 최근에 김 대리한테도 그랬잖아. 너무 곱씹지 말고 한 귀로 듣고 흘려.

04

1분 말하기
전달의 기술

짧은 말 → 긴말 늘리기 실전②
정면 돌파가 답이다

장점 수집상부터
되어 보자

하고 싶은 말은 있는데, 곧바로 이야기를 꺼내지 못한 적 있나요? 상대에게 너무 직설적으로 들릴까 고민하거나, 상황과 어울리지 않는 말이 아닐까 하는 생각이 들 때 특히 그렇습니다. 때에 따라서 피하는 것도 방법이지만 정면 돌파 역시 또 다른 해법이 될 수 있습니다. 이번 장에서는 하고 싶은 말을 상대와 상황에 맞게 잘 전달하는 1분 말하기 기술을 소개합니다.

> **Q :** 1분 말하기 기술은 언제, 어떻게 써야 하는지 잘 모르겠어요. 만나는 사람이나 상황이 너무 다양해서, 나도 모르게 자꾸만 평소 습관처럼 짧게 말하게 돼요.

A : 2장, '말을 잘하려면 관찰 스위치부터 켜야 한다.'에서 말했던 관찰 스위치가 필요한 시간입니다. 다시 한번 강조하자면, 말을 준비하는 단계에서는 먼저 입술보다 눈동자를 바쁘게 움직여야 합니다. 그러다 보면 여러 가지 정보가 모입니다. 정보 중에는 다른 사람들이 가지고 있는 '말 기술'도 있습니다.

늘 업무는 후배들에게 미루고, 공은 항상 자신만 갖는 상사와 함께 근무한 적이 있습니다. 이 상사는 작은 업무 성과를 크게 부풀리고, 큰 실수는 작게 줄이는 기술이 있었죠. 남의 공을 가로채는 것도 제법 능숙했습니다. 당연하게도 동료 직원들은 이를 탐탁지 않게 여겼습니다. 저 역시 같은 마음이 아니었다면 거짓말이겠죠.

예를 들면 이런 식입니다. "제가 어제 밤새 분석하고 정리한 보고서인데요."라면서 보고합니다. 자신이 이룬 성과를 상사에게 잘 '어필'을 하는 사람인 거죠. 반대로 저는 실제로는 밤새도록 작성한 보고서를 제출하면서 "보고서 작성했습니다."라고 아주 짧게 말해버려 노력한 결과도 잘 표현하지 못하는 사람이었습니다. 그때부터 말하는 기술이 중요하다는 것을 알았고, 상사를 관찰하기 시작했습니다. 성과를 부풀릴 때 그가 어떤 타이밍에 말을 하는지, 또 어떤 표정과 말투로 이야기하는지를 부지런히 관찰했습니다. 그리고 상사의 말하는 기술 '어필하기 기술'을 따라 하기 시작했습니다. 저는 없지만, 상사는 가지고 있는 '어필하기 기술'이라는 장점을 수집한 거죠. 저는 이것을 '장점 수집상'이 되는 과정이라고 표현합니다.

Q : 제 주변엔 배우고 싶은 관찰 대상이 없는데, 어떻게 하죠?

A : 관찰 대상은 진심으로 존경하고 따르고 싶은 롤모델(role model)을 말하는 것이 아닙니다. 롤모델은 TV나 책 속에서는 쉽게 찾을 수 있지만, 막상 주변에서 발견하기란 어렵습니다. 하지만 단 하나라도 나보다 능력 있는 사람 찾기는 훨씬 쉽습니다. 비록 동료에게 좋은 평가를 받는 사람이 아니더라도 말이죠.
또 대상은 많으면 많을수록 좋습니다. 그리고 그들을 머리끝부터 발끝까지 관찰하라는 것은 아닙니다. '나보다 나은 점' 딱 하나만 찾는 겁니다.

Q : 저는 사람이나 상황에 원래 관심이 없어요. 그럼 어떻게 하죠?

A : 타고나기를 주변에 관심이 없을 수 있습니다. 잘못된 게 아닙니다. 다를 뿐입니다.

당신이 말을 잘하고 싶은 이유가 뭔가요? 1분 말하기에서는 욕구를 실현하기 위해서였습니다. 가령, 성과를 어필해서 똑 부러지는 이미지를 갖고 싶다고 해 봅시다. 이때는 너무 직설적으로 자랑하면 역효과가 납니다. 오히려 겸손하지만 당당한 말투로 어필할 줄 알아야 주변 사람들이 인정해줍니다. 그런데 문제는 그 방법을 나만 모르고 있다는 겁니다. 책을 읽어봐도 도통 답이 떠오르지 않습니다. 이 방법은 내 주변에서 찾아야 합니다. 분명히 정답을 알고 있는 사람이 있습니다.

이제 우리가 해야 할 일은 정해졌습니다. 말을 잘하고 싶다면 상대

의 장점 하나부터 찾아봅시다. 이것이 '장점 수집상'이 되는 첫걸음입
니다.

'장점 수집' 다음은 '장점 가공',
내 것으로 만들자

'나라면 어떻게 할까?'

장점을 수집하고 난 뒤, 남의 장점을 그대로 따라서 하기만 하면 내 것이 아닌 티가 납니다. 말투, 분위기가 나와 결이 맞지 않아 어색함을 느끼기 때문입니다. 따라 하기도 기술이 필요합니다. '장점 가공하기 기술'을 사용해 봅시다. 남의 장점을 나에게 꼭 맞도록 바꾸는 과정입니다. 제가 앞 장에서 말한 상사에게서 수집한 말 기술은 '어필하기'입니다. 상사의 말을 다시 봅시다.

"제가 어제 밤새 분석하고 정리한 보고서입니다."

이 말에는 밤새도록 업무처리 방법을 고민한 자신의 노력을 알아달라는 속뜻이 담겨 있습니다. 그대로 따라 하려니 어딘가 불편하게 느껴집니다. 그럴 때는 말의 구조를 살펴보고 내게 맞춰 가공해야 합니다. 다음을 함께 봅시다.

"제가 어제 밤새 분석하고 정리한 보고서입니다."
         ↑   ↑
      (꾸밈말)   (하고 싶은 말)

내가 하고 싶은 말을 제외하고 남은 말은 '꾸밈말'입니다. 꾸밈말은 하고 싶은 말을 더 구체적으로 설명하는 수식어입니다. 다음 문장을 다시 봅시다.

[꾸밈말 살펴보기]
"제가 어제 밤새 분석하고 정리한…" → 1. '과정' 설명
        ↑   ↑
   1-1. '시간' 설명   1-2. '방법' 설명

꾸밈말은 한 덩어리로 보면 결국 보고서를 작성했던 과정입니다. 과정을 좀 더 구체적으로 살펴보면 한 번 더 나뉩니다. 보고서를 언제, 어떻게 작성했는지를 시간(1-1)과 방법(1-2)으로 나눠 설명하죠. 이것을 통해 꾸밈말의 구조를 알 수 있습니다. 구조 안 단어나 문장을 조금만 바꾸면 완전히 다른 말이 됩니다.

"제가 어제 밤새 분석하고 정리한 보고서입니다."

앞 문장을 배운 대로 꾸밈말을 나에게 맞게 가공해 봅시다.

1. 과정 설명 (시간과 방법)

"제가 어제 관련 부서 담당자에게 일일이 연락해서 취합한…" → 1. '과정' 설명

　　　↑　　　　　　　　↑
　1-1. '시간' 설명　　　1-2. '방법' 설명

2. 과정 설명 (이유 추가)

"제가 어제 정확한 데이터를 확보하려고, 관련 부서 담당자에게

　　　↑　　　　↑　　　　　　　　　↑
　1-1. '시간' 설명　　1-2. '이유' 설명　　　　1-3. '방법' 설명

일일이 연락해서 취합한…"

다음과 같이 완성됩니다.

• 보고서입니다.

→ 제가 어제 정확한 데이터를 확보하려고, 관련 부서 담당자에게

　일일이 연락해서 취합한 보고서입니다.

저는 이런 장점을 가공하는 과정을 통해, '어필하기' 기술을 얻었습니다. 자, 이제 본격적으로 짧은 말을 1분만 길게 늘이는 정면 돌파 기술을 알아볼까요?

결론만 내리는 말투는
오해받는다

Q : 나쁜 뜻으로 한 말이 아니었는데, 남들이 멋대로 생각해요.
입만 열면 오해를 불러일으켜서 입을 닫게 됩니다.

A : 저도 그런 적이 있습니다. 오죽하면 말 좀 아끼라는 조언을 귀가
아프게 들었을까요. 좋은 의도를 갖고 한 말이 상대에게 잘못 전
달되면 오해받기 쉽습니다. 상상해 봅시다. 동료가 근사한 기획
안을 작성했습니다. 칭찬하고 싶은 마음만 앞서 별 뜻 없이 툭 한
마디를 던집니다.

"와, 대단한데, 이거 운이지."

아차, 내가 하고 싶었던 말, 나의 속마음은 "너 이런 기획안을 쓰다니, 정말 대단하다."입니다. 그런데 상대는 "너 이거 노력한 게 아니라, 어쩌다가 잘 만든 거지?"라고 이해합니다. 그렇게 대화는 이어지지 않고 여기서 끝나 버립니다. 위 말을 이렇게 바꾸면 어떤가요.

"와, 대단한데, 어떻게 한 거야?"

자꾸 오해받게 말해서 대화가 끊어진다면, 나도 모르게 상황과 사람을 판단하고 있진 않은가를 생각해봐야 합니다. 그럴 때는 판단하지 말고 질문하면 됩니다.

• 와, 대단한데, 이거 운이지.

밑줄 친 부분처럼 별 뜻 없이 말한다는 것은 무의식적으로 판단하고, 결론을 내리는 좋지 않은 '말 습관'입니다. 다음과 같이 말해봅시다.

• 와, 대단한데, 어떻게 한 거야?

밑줄 친 부분을 보면 윗 문장처럼 결론부터 내리지 않았고, 다시 질문합니다. 판단하지 않고 어떻게 잘하게 됐는지 물어보는 거죠. 이렇게 말끝을 마침표가 아니라 물음표를 붙이면 오해를 줄일 수 있고, 나아가 계속 대화를 이어나갈 수 있습니다.

Q : 그런데 어떻게 질문해야 할지 모르겠어요.

A : 만약 질문하기가 어렵다면 먼저 상대의 입장이 되어 봅시다. 다음 문장을 봅시다.

- 와, 입은 옷 소재가 정말 부드러워 보이네요. 좀 사시나 봐요. (판단하기)

→ 와, 입은 옷 소재가 정말 부드러워 보이네요. ☐☐☐☐☐☐

(질문하기)

말을 하기 전에 우선, 잠깐 상대의 입장이 되어 다음처럼 추측해 봅시다.

1. 상대는 왜 이 옷을 구매했을까? → 좋아하는 브랜드일 것 같다.
2. 상대는 어떻게 이 옷을 구매했을까? → 백화점에서 구매했을 것 같다.

자, 이제 빈칸을 채워볼 차례입니다.

- 와, 입은 옷 소재가 정말 부드러워 보이네요. <u>좀 사시나 봐요.</u> (마침표)

→ 와, 입은 옷 소재가 정말 부드러워 보이네요. <u>좋아하는 브랜드인가 봐요?</u> (물음표)

→ 와, 입은 옷 소재가 정말 부드러워 보이네요. 백화점에서 구매한 것인가 봐요? (물음표)

이렇게 마침표가 아닌 물음표로 끝나면 나도 모르게 오해를 받는 일이 줄어듭니다. 이제 닫았던 말문을 다시 열어봅시다. 호감을 얻고 싶은 상대에게 당신의 마음이 제대로 잘 전달될 겁니다.

대답하기 애매하면
'탓'을 해라

강의장에 올라가는 엘리베이터를 탔을 때 일입니다. 그날은 다른 엘리베이터가 공사를 하는 바람에 긴 줄을 서서 안으로 들어갔습니다. 그때 마지막 사람이 커다란 악기를 들고 문 앞까지 옵니다. 아마 합창 수업에 가는 길 같습니다. 생각보다 많은 인파에 주춤거립니다.

순간, 엘리베이터 안에 있는 몇몇 사람들이 "그냥 타세요. 오래 기다려야 하는데"라고 말합니다. 악기를 든 사람이 마지못해 발걸음을 떼면서 겸연쩍게 말합니다. "소리 날까 봐서요…" 다행히 알람은 울리지 않았고 나지막한 마지막 말에 다들 대답이 없습니다. 딱히 할 말이 생각나지 않습니다. 그렇게 상황이 마무리되나 싶었는데, 한 사람이 이렇게 말합니다.

"아이고, 그러면 그 악기 때문이지요. 뭘, 하하하"

엘리베이터 안에 웃음이 번집니다. 따뜻한 공기가 돕니다. 만약 소리가 났더라면 높아진 온도 덕분에 저도 모르게 대신 내렸을 겁니다. "차에 뭘 두고 왔네요. 먼저 타고 가세요."라는 말을 더하면서 말이죠.

살다 보면 대답할까, 말까 고민하게 되는 애매한 상황이 더러 생깁니다. 앞에서 이야기한 것처럼 아무런 말을 하지 않아도 무리가 없지만, 왠지 상대를 배려해서 한마디를 던지고 싶을 때처럼 말이죠. 이때 사용하는 1분 말하기 기술을 소개합니다. 바로 '배려하기 기술'입니다.

우선 예를 들어볼까요. 상상해 봅시다. 전자결재를 올리고 회의에 참석했습니다. 외부 업체와 함께 앞으로 진행할 프로젝트에 관해 협의하는 자리입니다. 우리 쪽 상사가 안경을 만지작거리면서 이렇게 혼잣말합니다.

- 분명 어제 결재한 것 같은데, 서류가 어디 있는지 도통 보이질 않네….

외부 업체 쪽 눈치를 살핍니다. 내가 아무 말 하지 않고 있어도 전혀 무리가 없습니다. 누군가 대신 나설 수도 있고, 시간이 조금 더 흐르면 상사가 스스로 해결할지도 모릅니다. 하지만 상사는 내가 업무상 큰 실수를 했을 때 발 벗고 나서서 도와준 고마운 사람입니다. 그럴 때 이렇게 말하면 어떤가요? 밑줄 친 부분이 '배려하기 기술'을 사용한 문장입니다.

- 대신 찾아봐도 괜찮겠습니까?
  - → 제가 어제 결재서류를 한꺼번에 올리다 보니까, 지금 찾기 불편하셨을 것 같습니다. 대신 찾아봐도 괜찮겠습니까?
  - → 어제 시스템을 새로 개편했다고 하던데, 그것 때문인 것 같습니다. 대신 찾아봐도 괜찮겠습니까?

어떤가요. "제가 한 번 봐 드릴게요." 라거나 "왼쪽 화면을 다시 제대로 보면 있습니다." 하면서 짧게 말하는 것보다, 훨씬 부드럽게 느껴집니다. 말을 조금만 길게 늘였을 뿐인데 말이죠. '배려하기 기술'을 사용할 때는 이것 하나만 기억하면 됩니다.

'내 탓' 또는 '대상 탓'

상대가 하는 이야기 속 원인을 다른 곳으로 돌려봅시다. '나' 혹은 '다른 대상'으로 화살표 방향을 트는 겁니다. 여기서 주의할 점은 '남 탓'은 하지 않아야 한다는 겁니다. 예를 들어 "김 대리가 한 파일 정리가 익숙하지 않아서 그런 것 같네요."라는 식으로 말이죠. '배려하기 기술'은 남을 감싸주고 싶을 때 꺼내 쓰는 기술입니다. 위하는 상대를 위해 다른 사람에게 상처를 주지 않도록 조심합시다.

A : '내 탓'을 할 때 주의할 점이 있습니다. 바로 누가 들어도 '별거 아닌 내용'으로 내 탓을 해야 한다는 겁니다. 또, 다음처럼 지나치게 자기를 낮춰 말하지 말아야 합니다.

"제가 결재서류 자체를 잘못 올린 것 같습니다."
"제가 실수하는 바람에 시스템에 문제가 생긴 것 같습니다."
"제가 또 잘 못 해버렸네요. 매번 왜 이러는지 모르겠어요."

당사자는 사실이 아닌 걸 분명 알겠지만, 이야기를 듣는 다른 사람들은 정말로 내가 실수한 것처럼 오해할 수 있습니다. "내가 결재를 한꺼번에 올렸다.", "내가 결재를 급하게 요청했다.", "내가 결재할 때, 첨부파일을 많이 더했다." 이 정도면 충분합니다.

사과할 때도
더하기 기술이 필요하다

"네, 죄송합니다."

업무를 처리하다 큰 실수를 했습니다. 분명히 제대로 알고 있었고, 자주 했던 일입니다. 유독 정신없는 하루를 보내다 보니 탈이 나 있습니다. 할 말이 없어서 고개를 푹 숙이고 선배에게 사과했습니다. 미안한 마음에 온종일 숨소리마저 조심스럽고, 궁금한 것도 질문하지 못한채 쥐 죽은 듯 있었습니다. 그렇게 일이 끝난 줄 알았는데 선배가 한마디 합니다.

"너 지금 기분 나쁘다고 시위하는 거니?"

사과할 때는 깔끔하게 인정하고, 뒷말을 붙이지 말아야 하는 줄 알았습니다. 할 수 있는 최선을 다해 마음을 전달했는데 선배가 오해하니 억울합니다. 아니라고 구구절절 설명하는 것조차 하기 싫어집니다. 이 일화도 유튜브 동영상으로 만들었더니 이런 댓글이 달렸습니다.

"그렇게까지 상사 눈치를 봐야 하나요? 상사가 월급 받는 데에는 후배에게 업무를 알려주고, 챙겨주는 게 포함인 것 아닌가요?"

상사의 눈을 잠시 빌려봅시다. 후배가 새로 입사했습니다. 후배가 늘어났다고 해서 연봉이 늘어나는 건 아닙니다. 오히려 업무만 더 쌓입니다. 기존에 하던 업무에 후배가 맡을 일 모두를 A부터 Z까지 알려줘야 합니다. 알려주는 데서 끝이 아닙니다. 얼마 동안은 후배가 맡은 업무까지 함께 처리하고 대신 책임까지 집니다. 후배 대신 혼나기도 하고, 다른 부서에 사과하는 일도 잦습니다. 이 일은 근로계약서에 쓰여 있는 내용이 아닙니다. 의무가 아닌 겁니다. 몇 번을 알려준 일을 실수해서 사고를 친 후배에게 늘 웃는 얼굴을 하기란 힘든 일이 아닐까요.

상사 눈치를 보라는 말이 아닙니다. 상사도 감정 조절이 힘들 수 있으니 그 사실을 인정하고 원인이 나에게 있다면 '책임'을 지는 겁니다. 상사가 업무에 노련한 만큼 감정을 다루는 데도 수준급이면 좋겠지만 모든 사람이 그러기는 어렵습니다.

상사가 나와 반대 성향일 때는 지나치게 짧게 말하기보다 1분 정도로 늘릴 필요가 있습니다. 눈치를 보며 상사의 비위를 맞추자는 게 아닙니다. 상사에게 피해를 줬으니 제대로 미안함을 표현해 보자는 겁니다. 이럴 때는 "네, 죄송합니다." 여기에 다음 두 가지를 더하면 됩니다.

1. 시간

미안한 마음에 실없는 소리를 늘어놓거나, 화제를 돌려 다른 주제로 말을 걸면 걸수록 상황은 나빠집니다. 이 상황에 그런 말을 왜 하냐는 식의 핀잔을 들을 확률이 높습니다. 상대도 감정을 추스를 시간이 필요합니다. 그 시간 동안은 그냥 침묵합니다. 이럴 때 주의해야 할 건, 눈에 보이지 않으면 상사의 상상력을 자극할 수 있으니, 괜한 오해를 받지 않기 위해 곁을 지킵니다.

2. 질문을 가장한 보고

어느 정도 시간을 둔 뒤 부정적인 감정이 사그라들었다 싶으면, 이제 말을 더할 차례입니다. 이때 질문, 좀 더 정확하게 이야기하면 다음과 같이 '질문을 가장한 보고'를 합니다.

> "조금 전에 말씀하신 것처럼 이 업무도 같은 방식으로 처리 중인데, 혹시 이대로 진행해도 괜찮을까요?"

가만히 있으면 중간이라도 간다고 하지만, 이때는 오히려 상황이 더 좋지 않게 흘러갈 확률이 높습니다. 상황을 반전시키려면 행동해야 합니다. 실수했던 부분을 스스로 되새겨 보았고, 그 결과 다른 일에도 같은 방식을 활용했다는 걸 알리는 겁니다. 형태는 질문이지만, 속을 좀 더 들여다보면 보고입니다. 내가 더 성장했다는 것을 대놓고 말하기보다는 질문으로 가장해 넌지시 보이는 겁니다.

여기서 잠깐, 쓴소리한 상사의 마음은 어떨까요? 필요에 의한 말이긴 했지만, 왠지 모르게 마음 한구석이 불편할지도 모릅니다. 괜히 사서 악역을 자처한 것만 같고 그 말까지는 하지 말았어야 했는데 하며 후회하기도 합니다. 그때 상사에게 필요한 것은 '정당성'입니다. 어쩔 수 없이 뱉은 말이라는 것을 나 이외에 다른 사람이 알아줬으면 하는 마음이 듭니다.

이 마음을 다른 누구도 아닌 사건의 당사자가 알아준다면 어떨까요? 더 많은 업무 노하우를 알려주고 싶고, 또 어지간한 실수는 눈감아주고 싶어질 겁니다. 제가 사과할 때 시간과 질문을 덧붙이는 이유입니다. 이렇게 표현하면 회사생활을 하는 데 든든한 아군을 만들 수 있습니다.

> **Q :** 그런데 상사가 너무 악한 마음을 가진 사람이에요. 도리어 저를 만만하게 볼 것 같은데 어쩌죠?
>
> **A :** 세상에는 다양한 사람이 있습니다. 1분 말하기는 윈윈(win-win) 할 수 있는 사람에게 내가 먼저 손을 내밀기 위해 활용하는 도구입니다. 악영향을 미치는 사람과 굳이 손잡고 함께 갈 필요가 있을까요. 내가 얻고 싶은 것이 있고, 함께 가야 하는 사람일 때만 1분 말하기를 사용합시다.

이런 말은
대놓고 표현해라

때로는 대놓고 직설적으로 말하는 게 더 좋은 상황이 있습니다. 상대를 칭찬하거나, 확실하게 감정을 표현하고 싶을 때 말이죠. 다음 문장을 함께 봅시다.

• 김 대리가 쓴 보고서는 괜찮네요.

→ 김 대리가 쓴 보고서는 볼 때마다 감탄하게 돼요. 매뉴얼로 삼아도 좋을 것 같네요.

　읽기만 해도 사업 방향성부터 결과까지 구체적으로 상상이 되거든요.

어떤가요. 좋은 말은 대놓고 확실하고 구체적으로 표현하면 할수록 좋습니다. '대놓고 표현하기' 기술을 사용하는 방법을 차례대로 배워봅시다.

1. 한 줄 정리하기

'대놓고 표현하기'는 사람, 사물, 상황의 긍정적인 부분을 강조하고 싶을 때 사용하는 기술입니다. 누군가를 칭찬하거나, 사물이나 상황을 좋게 평가하고 싶을 때처럼 말이죠. 그러기 위해서는 "나는 ○○이라고 생각한다."라고 한 문장으로 정리해봅시다. 다음처럼 말이죠.

• 김 대리가 쓴 보고서는 매뉴얼로 삼아야 해요.

여기서 잠깐, 한 줄로 정리한 내용을 전달할 때 주의해야 할 점이 있습니다. 바로 짧고 명확하게 말해야 한다는 겁니다. 대놓고 표현해서 시선을 끈 다음에는 곧바로 이유를 설명해줘야 합니다. 다음 밑줄 친 부분이 이유를 설명한 문장입니다.

• 김 대리가 쓴 보고서는 매뉴얼로 삼아야 해요. (한 줄 정리) + 읽기만 해도 사업 방향성부터 결과까지 구체적으로 상상이 되거든요. (이유 설명)

2. 감정 드러내기

한 단계 더 나아가고 싶다면, 감정 드러내기 문장을 가장 앞에 더해봅시다. 밑줄 친 문장이 감정 드러내기를 더한 부분입니다.

- 김 대리가 쓴 보고서는 매뉴얼로 삼아야 해요. (한 줄 정리)
→ 김 대리가 쓴 보고서는 볼 때마다 감탄하게 돼요. (감정 드러내기) + 매뉴얼로 삼아도 좋을 것 같네요. (한 줄 정리) + 읽기만 해도 사업 방향성부터 결과까지 구체적으로 상상이 되거든요. (이유 설명)

감정 드러내기는 느낀 바를 솔직하게 그대로 드러내면 됩니다. 물론 부정적인 감정은 주의해야 하겠죠.

Q : 저는 감정을 표현하는 걸 잘하지 못해요. 부끄럽기도 하고 익숙하지 않아서요.

A : "익숙하지 않다." 에서 이미 해결 방법이 나왔습니다. 아래 표를 참고하여 대화할 때 긍정적인 감정 단어를 자주 사용해 봅시다. 그러면 훨씬 풍부하게 좋은 감정을 상대에게 전달할 수 있습니다.

감동스럽다.	뭉클하다.	감격스럽다.	벅차다.	황홀하다.
통쾌하다.	기쁘다.	반갑다.	행복하다.	따뜻하다.
훈훈하다.	정겹다.	익숙하다.	뿌듯하다.	산뜻하다.
후련하다.	든든하다.	흐뭇하다.	홀가분하다.	편안하다.
차분하다.	안심하다.	가볍다.	평화롭다.	고요하다.
재미있다.	끌리다.	짜릿하다.	신난다.	기운 나다.
감사하다.	즐겁다.	유쾌하다.	상쾌하다.	흡족하다.
포근하다.	푸근하다.	자랑스럽다.	담담하다.	친밀하다.
감탄스럽다.	평온하다.	흥미롭다.	들뜬다.	사랑스럽다.
고맙다.	감미롭다.	만족스럽다.	느긋하다.	여유롭다.
두근거리다.	개운하다.	친근하다.	설렌다.	아늑하다.

1분 말하기 기술

대놓고 말하기 어려우면,
모른 척 물어봐라

완전히 틀린 말입니다. 정말 확실합니다. 이 말을 하자마자 주변 사람 모두가 내 의견에 동의할 겁니다. 이 말을 하는 중인 딱 한 사람만 제외하면 말이죠. 물론 그 사람은 직속 상사입니다.

생각을 단호하게 전달하고 싶을 때는 대놓고 말하는 게 편합니다. 하지만 상사에게 그러기는 쉽지 않습니다. 여러 가지 사정이 얽혀 있기 때문이죠. 각자 가지고 있는 일의 형편이 다양하기에, 똑같은 말이라도 사람에 따라 다르게 해석될 수 있습니다. 옳은 내용을 모두와 공유하기 위해 말을 꺼냈는데 누군가는 자신을 지적하는 것처럼 여길 수도 있죠. 이렇게 할 말이 있는데, 직설적으로 말할 수 없을 때는 '알아도 모르는 척 기술'을 사용하면 됩니다.

우선 상상부터 해 봅시다. 동료와 업무 협의 중입니다. 전년도 진행한 사업에 관해 이야기합니다.

"전년도부터 진행한 사업도 아직 마무리 안 됐으니까, 이번 건과 함께 진행하면 되겠네요."

아닙니다. 사실 저번 달에 이미 끝났습니다. 분명 공유했던 일인데 동료가 잘 못 알고 있습니다. 당장 마무리된 지 오래됐다고 알려주고 싶습니다. 하지만 상대가 민망해할 것만 같습니다. 여러분이라면 이럴 때 어떻게 말할 건가요? 대부분 "저…, 사업이 저번 달에 끝난 것으로 알고 있는데요." 하며 조심스럽게 말하거나, 반대로 큰 문제가 아니라면 하고 싶은 말을 꾹 눌러 담고 황급히 화제를 돌릴 수도 있습니다. "그런데 다른 사업은 언제까지 마무리하면 될까요?"라는 식으로 말이죠.

두 말 모두 상대를 배려하는 마음에서 나온 말이지만, 결론부터 말하자면 사실 동료에게 큰 도움은 되지 않습니다. 바로 잡으면 틀린 말을 했다는 생각에 민망해할 것이고, 화제를 돌리면 어디선가 같은 실수를 반복하게 되겠죠. 만약 상대를 배려하고 싶다면 다음처럼 말해봅시다.

• 헷갈려서 그런데, 전년도부터 진행했던 사업 말이에요. 저번 달에 마무리할 수도 있다는 얘기를 들었던 것 같아요. 한 번 확인 해볼까요?

번뜩, 떠올랐습니다. 받은 메일함이 생각납니다. 이렇게 질문하면 상대가 너스레를 떨면서 위기를 모면할 수 있습니다. "아, 맞아요. 저번 달에 마무리한다고 했어요. 깜박했네요." 하는 식으로 말이죠.

대놓고 말하기 어려우면 돌려서 알려줘야 합니다. 1분 말하기 기술, '알아도 모르는 척 기술'은 다음 순서대로 사용하면 됩니다.

1. 관용어로 시작하기

마음속에 떠오른 정답을 숨긴 후, 다음 관용어를 사용해서 말을 시작해 봅시다.

- 헷갈려서 그런데,
- 갑자기 궁금해서 그런데,
- 잘 몰라서 그런데,
- 방금 떠올라서 그런데,

2. 질문으로 정답 보여주기

이제 알고 있는 정답을 보여 줄 차례입니다. 상대에게 질문해 봅시다. 물론 겉모습은 질문이지만, 그 속에는 정답이 들어있습니다. 만약 사무실에서 동료가 잘못 알고 있는 사실을 말하고 싶다면 이런 식으로 활용할 수 있겠죠. 밑줄 친 부분이 정답을 보여주는 문장입니다.

- 헷갈려서 그런데, <u>전년도부터 진행했던 사업 말이에요. 저번 달에 마무리할 수도 있다는 얘기를 들었던 것 같아요. 한 번 확인 해볼까요?</u>
- 갑자기 궁금해서 그런데, <u>저번 주에 이 사안에 관해 결론 내린다고 했던 것 같기도 해요.</u> 옆 팀에 물어보고 올까요?

- 잘 몰라서 그런데, 이번 기획안은 다음 주까지 취합하기로 한 거 맞나요?
- 방금 떠올라서 그런데, 다음 주에 업체에서 방문하기로 했던 것 같아요. 일정 확인해볼까요?

필요하다면
돌려 말하자

"그렇게 하면 안 돼요."

목 끝까지 차오른 말을 툭 내뱉었습니다. 상대도 아차 싶었는지 행동을 멈춥니다. 그런데 곧이어 표정이 일그러지기 시작합니다. 이제는 빨갛게 달아오릅니다. 아무리 올바른 말이라고 해도 너무 강하게 전달하면 듣는 사람은 당황합니다. 그러면 내가 하고 싶은 말을 제대로 전달하기 힘들어집니다. 정작 하지 말아야 하는 이유에 관해 대화하는 게 아니라, "왜 말을 그런 식으로 하느냐", "나를 무시하는 거냐"하면서 감정싸움으로 번질 수도 있기 때문입니다.

그렇다고 해서 말을 아끼면 어떻게 될까요? 혼자 답답해지겠죠. 이럴 때는 꼭 필요한 말을 부드럽게 전달하는 1분 말하기 기술이 필요합니다. 바로 '돌려 말하기 기술'입니다. 반드시 해야 하는 말이라면 뜻은 그대로 두되, 조금만 더하고 바꿔서 돌려 말해야 합니다. 이왕이면 주위 환경에 자연스럽게 어울리는 말이면 더 좋겠죠. 우선 부정의 느낌이 나는 단어를 긍정의 단어로 바꿔봅시다.

• **부정어 → 긍정어**

부정적인 단어를 긍정적으로 바꿔봅시다. 뜻은 같지만, 모습은 다르게 만드는 겁니다. 다음 표처럼 말이죠.

부정어	긍정어
그렇게 하면 안 돼요.	그렇게 하는 건 피하는 게 좋습니다.
그렇게 할 수 없어요.	그렇게 하기에는 어려움이 있습니다.
그건 잘 못 됐어요.	그건 문제가 있다고 생각할 수 있습니다.
그건 안 됩니다.	그건 적용하기 힘든 편이라, 양해 부탁드립니다.
그건 못 해요.	그건 노력이 꽤 많이 필요한 일이라, 확답하기 어렵습니다.
그건 아닌 것 같아요.	그건 의도와 다르게 해석될 여지가 있어서, 조금 우려가 됩니다.

분명 전달하고자 하는 메시지는 정확합니다. 부정하고 있죠. 하지만 보이는 모습은 정반대이기 때문에 부드럽게 들립니다.

Q : 그래도 상대방은 기분이 좋지 않을 것만 같아요.

A : 기분은 상대방이 누리는 자유입니다. 문제는 느끼는 감정을 나에게 드러내느냐, 마느냐가 더 중요합니다. 비즈니스 상황에서는 자신의 의견을 정확하게 전달하는 건 꼭 필요한 일입니다.

• **단정 → 제안**

좋은 말이라도 단정해서 말하면 강하게 들립니다. 이때는 제안이 낫습니다. 다음 표를 봅시다.

단정	제안
이 방식으로 하세요.	이 방식으로 활용하시기 바랍니다.
최대한 빨리 보내세요.	최대한 빠르게 보내주실수록 좋습니다.
저기에 전달하세요.	저곳에서 담당하고 있으니, 확인 부탁드립니다.
저한테 얘기하세요.	저에게 공유해주시길 부탁드립니다.
다른 팀에 요구하세요.	다른 팀에서 담당하는 부분이라, 문의해보시면 될 것 같습니다.
이렇게 하는 게 맞아요.	이렇게 진행하는 게 좋다고 생각합니다.
여기 확인하세요.	이 부분에 나와 있으니, 참고하시면 될 것 같습니다.
김 대리에게 얘기 들었어요.	김 대리에게 내용 잘 전달받았습니다.

05

1분 말하기
준비운동

긴말 → 짧은 말 줄이기

할 말이 없을 때는
멈춰도 괜찮다

지금까지 짧은 말을 긴말로 늘리는 기술에 관해 말했습니다. 이번에는 반대로 '긴말을 짧은 말로 줄이는 기술'에 대해 이야기해 봅시다. 청중이 말하기 고민에 관한 이야기를 할 때, 꼭 빠지지 않고 등장하는 말이 있습니다.

'주절주절, 횡설수설'

자신도 모르게 말이 길어질 때마다 주변 사람들이 "그만 좀 주절주절해라", "왜 이렇게 횡설수설하느냐?"라고 한다는 겁니다. 하고 싶은 말이 없는데 해야만 하는 상황일 때, 짧게 말하는 사람도 있지만 반대로 길게 이야기하는 사람도 많습니다. 청중의 이야기를 조금 더 들어보니 이렇게 말합니다.

> "대화하다 보면 점점 말이 이상해져요. 분명히 하고 싶은 말로 시작했는데, 점점 다른 말로 바뀌다가 결국 흐지부지하게 끝나버려요. 말이 자꾸만 길어지니까 남들도 관심 없어 하고요."

말이 자꾸만 길어지는 상황에 대해 구체적으로 물으니 이렇게 답합니다.

> "처음 만난 사람과 대화할 때 그랬던 것 같아요. 마음속으로 말을 잘하지 못하면 분위기가 나빠질까 걱정하면서 끝임없이 제 말만 입 밖으로 내뱉고는 해요. 그러면 듣던 사람이 보다못해 말을 끊거나 자리를 피하죠."

이야기를 듣다 보니 제게는 청중의 욕구가 이렇게 보였습니다.

• 처음 만난 사람과 대화할 때, 어색하기 싫다.

이런 욕구를 가진 사람을 만나보면 대부분 친절하고, 배려심이 깊습니다. 또 가끔은 남을 위해 자신이 희생하기도 하죠. 그래서 할 말이 없는데도 억지로 분위기를 띄울 목적으로 먼저 말을 걸기도 합니다. 그러다 보니 점점 말이 길어집니다. 여기서 잠깐, 1장, '그래 무슨 말인지 알겠어!'에서 얘기했던 내용을 다시 한번 정리해봅시다.

> 욕구 → 해결할 수 있는 문제 → 해결 방법 → 메시지 전달

위 사람이 가진 욕구는 다행히 해결할 수 있는 문제입니다. 이제는 문제를 해결할 방법을 찾을 차례입니다.

· 처음 만난 사람과 대화할 때, 어색하기 싫다. (해결할 수 있는 문제)
→ 처음 만난 사람과 대화할 때, 눈에 띄지 않고 묻어가야겠다. (해결 방법1)
→ 처음 만난 사람과 대화할 때, 재밌는 이야기를 많이 해야겠다. (해결 방법2)

어떤가요. 해결 방법은 크게 두 가지입니다. 위 이야기 속 청중은 2번 방법을 선택했습니다. 만약 선택한 방법이 맞지 않으면, 1번 방법을 새롭게 시도해보면 됩니다. 방법 1번을 봅시다. 묻어간다는 건 분위기에 자연스럽게 반응하는 것입니다. 억지로 이야깃거리를 꺼내 대화를 이어가려고 노력하지 않아도 괜찮습니다. 오히려 잠깐 멈추는 게 더 좋습니다. 이럴 때 필요한 1분 말하기 기술이 바로 '리액션(reaction) 기술'입니다. 할 말이 없을 때는 리액션만 잘해도 충분히 분위기를 따라갈 수 있습니다. 나보다 상대가 더 말을 많이 할 수 있게 도와주기만 해도 분위기는 어색해지지 않을 겁니다.

이렇게 할 말이 없을 때, 긴말을 짧은 말로 줄이는 기술은 '리액션 기술' 뿐만이 아닙니다. 남은 장에서는 더 많은 '긴말을 짧은 말로 줄이는 1분 말하기 기술'을 배워봅시다.

할 말이 있을 때는
정리부터 해보자

앞 장과는 반대로 하고 싶은 말은 많은데 정리가 안 된 상태라면 두서 없이 말하게 됩니다. 예를 들면 상사에게 보고할 때 이렇게 말하는 식이죠.

> "지금 보고서 작성해서 전자결재 상신 했는데요. 방금 갑자기 협력 업체에서 문제가 생겼다고 연락이 왔더라고요. 그래서 확인해 보니까 5개 보고서 중 1개에 오류가 생긴 것 같다고 말하네요. 바로 다시 수정해달라고 했는데…. 그런데 그 과정이 일주일이나 걸린다고 하더라고요. 안 된다고 말하니까, 내일 오전에 다시 말해 준다고 해서 일단 확인하고 연락하겠다고 했는데…."

이 말을 듣는 상사는 이렇게 대답할 확률이 높습니다. "그래서 결론이 뭔데?"라고 말입니다. 상사가 되묻기 전에 먼저 위 말을 이렇게 바꾸면 어떤가요?

> "지금 보고서 4개 전자결재 올렸습니다. 말씀하신 보고서가 총 5개인데, 방금 협력 업체에서 1개에 오류가 생겼다고 연락해왔습니다. 남은 보고서 하나는 내일 오전에 피드백 받은 뒤 보고해도 되겠습니까?"

어떤가요. 이렇게 정리해서 말하면 듣는 사람이 훨씬 이해하기 쉽습니다. 할 말이 있는데 말이 자꾸만 길어지는 이유는 하고 싶은 말들이 머릿속 여기저기에 흩어져 있기 때문입니다. 군데군데 있는 것들을 한곳으로 모아 정리하는 과정이 필요합니다. 그러기 위해서는 어떤 1분 말하기 기술이 필요할까요.

'말나무로 정리하기 기술'

나무를 떠올려 봅시다. 어떤 것부터 떠오르나요? 중심이 되는 줄기, 여러 갈래로 뻗은 가지가 생각납니다. 줄기와 가지만 있어도 대부분 나무라고 인식할 수 있습니다. 말도 마찬가지입니다. 말의 중심이 되는 메시지와 메시지 대한 여러 가지 설명만 있어도, 듣는 사람이 이해하기가 훨씬 쉽습니다. 그래서 1분 말하기에서는 '말나무'만 잘 만들어도 말이 잘 정리된다고 합니다.

> • 말나무 = 말나무 줄기 + 말나무 가지
> → 말하기 = 메시지 + 메시지에 대한 설명

　다시 한번 말하자면, 메시지는 '남에게 알려주고 싶은 내 생각'입니다. 메시지가 확실하고, 구체적으로 설명할수록 상대에게 잘 전달됩니다. '말나무 만들기'는 메시지를 잘 전달하기 위해 정리하는 과정인 셈입니다. 기억합시다. 할 말이 많을 때는 정리해서 전달해야 합니다. 자, 그러면 이제 말나무를 만드는 과정에 대해 알아봅시다.

'말나무'로 정리하기

~~~~~~~~~~~~~~~~~~~~~~~~~~~~~~~~~~~~~~

머릿속에 흩어져 있는 말의 조각들을 정리해서 하나의 '말나무'로 만들어봅시다. 예를 들어 누군가 취미에 관해 물었습니다. 어떻게 대답할 건가요?

> "취미요? 어, 딱히 하는 건 없는데…, 아! 요새는 홈트레이닝을 시작했어요. 혼자 가볍게 하기 좋아요. 음, 그리고 독서 모임도 나가기 시작했는데 재미있어요. 혼자 있는 것도 좋지만 남들과 같이 시끌벅적하게 하는 것도 즐겁거든요. 또…"

홈트레이닝은 가벼워서 좋고, 독서 모임은 시끌벅적. 한 번에 많은 이야기를 하면 듣는 사람은 헷갈립니다. 만약 이렇게 이야기하면 어떤가요?

> • 요새 홈트레이닝을 시작했어요.
> → 1단계(줄기 세우기): "나는 ○○라고 생각한다."

말나무 만들기 첫 번째, 줄기 세우기입니다. 떠오른 여러 가지 말 중에서 1개 키워드만 선택해서 짧은 문장을 만들어봅시다. 그러면 호흡이 짧아져서 말하는 사람도 편하고, 듣는 사람도 훨씬 이해하기 쉽습니다.

방법은 쉽습니다. "나는 ○○라고 생각한다."라는 문장을 만드는 겁니다. 주의할 점은 모든 문장을 머릿속에서 모두 정리하거나 거창한 내용으로 말하는 게 아닙니다. 지금 바로 떠 오른 1개 키워드만으로 설명하는 겁니다. 키워드만 던지면 듣는 사람은 궁금해집니다. '왜 홈트레이닝을 할까?' 혹은 '어떤 점이 좋을까?'라는 식입니다. 궁금증이 생기면 대화가 이어지기 쉽습니다. 자연스럽게 상대가 질문을 던지면서 대화에 참여하기 때문입니다. 상대가 물어보지 않았다고 해도 마음속에 이미 물음표가 생긴 것만으로도 성공입니다. 바로 다음 단계로 넘어갑시다.

> • 왜냐하면 혼자 가볍게 하기 좋거든요.
> → 2단계(가지 붙이기) : "왜냐하면 ○○기 때문이다."

두 번째, 가지 붙이기입니다. "왜냐하면 ○○기 때문이다."라는 문장을 만들어봅시다. 생각과 이유를 들어서 듣는 사람의 궁금증을 해결해주는 과정입니다. 줄기가 1개당 가지 1개가 짝입니다. 완성된 문장을 비교해볼까요.

148

• 취미요? 어, 딱히 하는 건 없는데…, 아! 요새는 홈트레이닝을 시작했어요. 혼자 가볍게 하기 좋아요. 음, 그리고 독서 모임도 나가기 시작했는데 재미있어요. 혼자 있는 것도 좋지만 남들과 같이 시끌벅적하게 하는 것도 즐겁거든요. 또…

→ 요새 홈트레이닝을 시작했어요. 왜냐하면 혼자 가볍게 하기 좋거든요.

Q : 너무 짧은 것 같아요. 말을 좀 더해야 하지 않을까요?

A : '말나무'를 만드는 게 익숙해지면 이야기가 잘 정리가 됩니다. 그러면 줄기에 가지가 여러 개 있어도 듣는 사람이 쉽게 이해할 수 있죠. 하지만 그렇지 못할 때는 정리하는 습관을 들이는 게 먼저입니다. 줄기 1개당 가지 1개를 만드는 연습을 충분히 한 뒤 필요한 말을 더해봅시다.

풍성한 말나무 만들기,
'열매 달기'

충분히 가지를 붙여서 말나무를 만들었는데도 왠지 부족한 느낌이 든다면 말나무가 풍성해 보이도록 열매를 달아 봅시다. 나무에 열매가 주렁주렁 매달려 있으면 시선을 끌기에 더 좋습니다. 말도 마찬가지입니다. '열매 달기 기술' 사용하기 전에 우선, 이 마음부터 가지고 있어야 합니다.

'상대 머릿속에 그림 그려주기'

내 메시지가 상대 머릿속에 그림처럼 떠오르도록 말하는 겁니다. '열매 달기 기술'은 다음처럼 사용하면 됩니다.

1. 만약~라면

마치 상대가 현장에 있었던 것처럼 생생하게 느끼면서, 구체적으로 상상하도록 도와주는 말입니다. 이때 주의할 점은 너무 과장해서 터무니없게 느껴지는 내용으로 말하지 않아야 한다는 겁니다. 다음 밑줄 친 부분을 집중해서 봅시다.

- 오늘 아침에 큰일이 있었어요. 출근길에 바로 앞에서 사고가 났거든요.

- → 오늘 아침에 큰일이 있었어요. 출근길에 바로 앞에서 사고가 났거든요. 만약 안전바를 잡고 있지 않았더라면, 크게 다쳤을 거예요.

---

2. '그' 삼총사 (그래서, 그러면, 그리고)

'그' 삼총사는 이야기를 풍성하게 만들어주는 접속부사입니다. 이들의 공통점은 앞 내용과 뒤 내용이 서로 맞서지 않도록 자연스럽게 이어준다는 겁니다. 다음과 같은 식입니다.

- 회사 주변에 운동할 곳을 찾고 있어요. 그래서 주변에 물어보니 이곳에 많이 가더라고요.

- 이번 주에 참석할 회의가 5개예요. 그러면 이번 프로젝트는 마무리될 것 같아요.

- A 보고서는 지난달에 취합했던 거예요. 그리고 B 업무도 마찬가지인 걸로 알아요.

Q : 다른 접속부사는 안되나요? '그런데'처럼 말이죠,

A : 물론 괜찮습니다. 하지만 주의할 점이 있습니다. '그런데' 는 앞, 뒤에 반대되는 이야기를 하거나, 다른 방향으로 화제를 바꿀 때 자주 사용합니다. 지나치게 많이 사용하면 이야기 흐름이 두서없이 흘러갈 수도 있습니다

1분 말하기 기술

대화를 '나'로 시작해서, 또 '나'로 끝내지 말자

"이번 달에 집 관리비가 너무 많이 나와서 걱정이야."

"그래? 아, 관리비 하니까 생각나는데 말이야, 우리 집 요새 난방이 신통치 않아. 어제 새벽에는 얼마나 추웠는지 도중에 잠에 깼다니까! 더 재밌는 건 뭔지 알아? 비몽사몽 난방조절기 버튼을 누르는데, 갑자기 짜증이 확 올라오는 거야. 그래서 온 집안 장롱문을 다 열고서 전기매트가 어디 있냐고 찾다가 다른 방에서 그냥 잠들었잖아. 하하하"

갑자기? 하나도 웃기지 않습니다. 아니, 오히려 의아한 생각만 듭니다. 분명 관리비 이야기로 대화를 시작했는데 다른 방에서 잠든 이야기로 끝났습니다. 이렇게 대화할 때마다 내가 관심 있는 이야기로 시작해서 결국, 자신과 관련된 말만 끝까지 하는 사람을 주변에서 많이 찾아볼 수 있습니다. 이렇게 말하는 방식을 1분 말하기에서는 '나'로 시작해서 '나'로 끝나는 말하기를 한다고 합니다.

물론 이렇게 말해야 하는 때도 분명 있습니다. 스탠드업 코미디언을 떠올려 보세요. 짧게 몇 분, 길게는 1시간이 넘도록 혼자서 이야기합니다. 게다가 듣는 내내 유쾌하기까지 하죠. 하지만 대화는 스탠드업 코미디와 다릅니다. 대화는 이렇게 해야 합니다.

'상대'로 시작해서 '나'로 끝나는 대화.

여러분이 대화를 잘하고 싶은 이유는 뭔가요. 1분 말하기에서는 원하는 것, 즉 욕구를 실현하기 위해서라고 말했습니다. 만약 내가 남들에게 하고 싶은 이야기(욕구)가 있다고 해서 말을 처음부터 끝까지 줄줄 나열하기만 하면 어떨까요? 아무도 듣지 않을 겁니다. 가장 먼저 상대가 이야기를 들을 상태인지부터 확인해야 합니다. 일단 상대 중심으로 시작해야, 내가 원하는 걸 이룰 수 있는 거죠. 그래서 '상대'로 시작해서 '나'로 끝나는 말하기를 해야 합니다.

우리는 그 방법을 이미 알고 있습니다. 2장, '말을 잘하려면, 관찰 스위치부터 켜야 한다.'에서 말했던 1분 말하기 도구를 꺼낼 시간입니다. 바로 '관찰하기'였죠. 상대가 어떤 상태인지, 또 상황인지부터 살펴봅시다. 그러면 늘어난 관리비로 걱정하는 사람에게 뜬금없이 다른 방에서 잠든 이야기 꺼내는 실수는 막을 수 있습니다.

Q : 그런데 상대가 제 이야기에 별로 관심이 없으면 어떻게 하죠?

A : 사실 상대는 당신이 생각하는 것 이상으로, 당신의 말을 듣고 싶은 마음이 없습니다. 안타깝지만 이것이 현실입니다. 뒤집어 보면 말을 듣고 싶은 마음이 없는 상대가 듣고 싶다는 생각이 들게 하는 거야말로 말하기 법칙의 진수라고 할 수 있겠죠.
당연한 말이지만 상대가 없으면 소통은 성립하지 않습니다. 또 상대의 컨디션이 좋은 타이밍을 골라서 말하는 것도 현실적으로 불가능합니다.

그렇다면 최선책은 이쪽에서 상대를 좋은 컨디션으로 만들어주는 것입니다. 이때 반드시 피해야 하는 상황이 있습니다. 상대가 '그러니까 결국 하고 싶은 말이 뭐야?'라는 의문을 느끼게 해서는 안 됩니다. 의심하는 것, 다시 말해 생각하는 행위는 상당한 에너지가 요구됩니다. 이런 에너지가 소비되는 시점에서 이미 소통은 실패한 것이나 마찬가지입니다. 그렇지 않아도 상대의 이야기를 듣고 싶지 않은 사람이 굳이 머리를 써서 생각하고 고민할 리가 없습니다. 이렇게 해 봅시다.

'시선 끌기'

먼저 상대가 당신의 말에 관심을 보이도록 만들어봅시다. 그런 다음 대화 속으로 빠져드는 것, 즉 핵심에 다가가는데, 에너지를 집중하게 하는 것이 바람직합니다. 그래서 더더욱 상대를 피곤하지 않게, 머리를 쓰지 않게 해야 합니다. 방법은 뒷부분에 상세하게 설명해뒀습니다. 지금 집중해야 할 것은 대화는 '상대'로 시작해서 '나'로 끝나야 한다는 점입니다. 그러면 앞에서 말했던 대화는 다음처럼 바뀔 겁니다.

상대	상대의 말	이번 달에 집 관리비가 너무 많이 나와서 걱정이야.
나	상대 이야기로 시작	그래? 얼마나 나왔길래 그러는 거야? 50만 원이라고, 세상에! 나 같으면 관리비 고지서 보자마자 손에서 떨어뜨렸겠다. 아, 혹시 난방 문제는 아니야?
	내 이야기로 끝맺음	안 그래도 나도 이번 달에 관리비가 엄청 많이 나왔거든. 알아봤더니 우리 집 요새 난방이 신통치 않아서더라고…. 어제 새벽에는 얼마나 추웠는지 도중에 잠에 깼다니까! 더 재밌는 건 뭔지 알아? 비몽사몽 난방조절기 버튼을 누르는데, 갑자기 짜증이 확 올라오는 거야. 그래서 온 집안 장롱문을 다 열고서 전기매트가 어디 있냐고 찾다가 다른 방에서 그냥 잠들었잖아. 하하하.

때로는 고정관념이
발목을 잡는다

대화하면 할수록 저절로 눈길이 가고 관심이 가는 사람이 있습니다. 메시지를 전달하는 사람, '메신저' 자체가 매력적이면 그렇습니다. 만약 시선을 끄는 매력을 타고 나지 못했다면 어떻게 해야 할까요? 전혀 걱정하지 않아도 됩니다. 누구나 시선을 사로잡는 사람이 될 수 있습니다. 말하기를 준비하고 전달하는 과정에서 사람의 내면과 외면 모두가 성장합니다. 말을 하면서 스스로 몰랐던 특징을 발견하기도 하고, 되고 싶은 모습을 꿈꾸면서 '나만의 캐릭터'를 다듬을 수 있기 때문이죠.

　말하기로 시선을 끄는 사람은 말을 하기 전 먼저 하는 일이 있습니다. 바로 마음속에 있는 고정관념부터 버리는 겁니다. 정리하면 다음과 같습니다.

1. 배려하지 말고 이기적으로 말하자.

　말을 잘하려면 그보다 먼저 "상대를 배려하고, 공감할 줄 알아야 한다."라고 대부분 알고 있습니다. 하지만 1분 말하기 기술을 사용할 때는 조금 다릅니다. 결론부터 말하자면 상대보다 먼저 나를 배려해야 합니다. 앞장에서 말한, 대화가 '상대'로 시작하지만 결국에는 '나'로 끝나게 해야 하는 것 역시 이런 이유 때문입니다.

　남을 배려하다가 정작 내가 하고 싶은 말은 하지 못하면 어떨까요? 상대는 나를 단지 '말을 잘 들어주는 사람'으로만 떠올리게 될 겁니다. 여러분은 남에게 어떤 사람으로 기억되고 싶은가요. 상대방을 배려하는 것 역시 중요하지만, 그것보다 우선해야 하는 것은 '내 마음을 우선 배려하는 것'입니다. 아예 상대를 위하지 말라는 게 아니라, 먼저 나부터 챙기고 상대도 살펴보라는 거죠. 그러면 어떤 상대를 만나고, 어떤 상황인지에 따라 내 모습이 다양하게 변합니다. 늘 남의 이야기만 들어주기만 하는 사람이 아니라, 피하고 싶은 상대가 있을 때는 말을 아낄 줄 알고, 반면에 오히려 대화를 적극적으로 이끌고 싶은 상황에서는 주도할 줄 아는 사람이 되는 겁니다.

　다시 한번 말하지만, 상대를 배려하는 게 중요하지 않다는 게 아닙니다. 단지 순서를 달리해보자는 겁니다.

2. 품위와 예법을 내려놓자.

　사회생활을 하다 보면 여러 가지 가면을 써야 할 때도 있습니다. 높은 직위에 오를수록 더욱 그렇습니다. 품위와 예법을 차리는 건 중요한 일입니다. 하지만 이것을 늘 지켜야 하는 건 아닙니다. 1분 말하기 강의

하는 도중에 한 청중이 이런 말을 한 적 있습니다.

"우아하게 말하는 방법을 알려주세요."

언제, 어디서나 품위를 지켜서 말하면 누구에게나 호감 가는 사람이 될 수 있을까요? 똑같은 직위에 있다고 해도, 자신도 모르게 시선을 받는 사람이 있는가 하면 오히려 냉대 어린 시선을 받는 사람도 있습니다. 품위와 예법은 필수요소가 아니라 '선택요소'입니다. 꼭 격식을 차려야 하는 자리를 제외하면, 늘 마음에 두고 지켜야 하는 지침이 아닙니다. 말과 행동을 꾸미지 않고 있는 그대로 드러내면 듣는 사람은 진정성을 더 느끼게 됩니다.

Q : 그렇게 했다가 도리어 저를 만만하게 보면 어떻게 하죠?

A : 외면이 강해 보이는 것보다 내면의 단단함이 더 중요합니다. 안에서부터 우러나오는 힘은 겉으로 새어 나오기 마련이기 때문이죠. 1장에서 말했던 것처럼 진정성 있는 메시지를 만들 줄 아는 우리에게는 이 질문이 큰 문제가 되지 않을 겁니다.

언제나 논리가
통하는 건 아니다

논리적인 말하기는 중요합니다. 확실한 주장과 정확한 근거를 들어 뒷받침하면서 말하면 신뢰가 갑니다. 하지만 논리가 언제 어디서나 통하는 건 아닙니다.

잠시 부끄러운 이야기를 해야겠네요. 가까운 지인과 가볍게 저녁 식사를 함께할 때 일입니다. 오늘따라 분위기가 이상하게 차분합니다. 옆구리를 쿡쿡 찔러 어서 이야기를 꺼내 보라고 했습니다. 갓 사회생활을 시작한 지인이 독립을 결심했다고 말합니다. 새로 이사 갈 집을 찾고, 계약을 고민하고 있다면서 말이죠. 축하한다고 말을 건넸더니 반응이 영 시큰둥합니다. 분명히 뭔가 할 말이 있는 것만 같은데, 쉽게 털어놓지를 못합니다. 그래서 머릿속으로 여러 가지 경우의 수를 떠올려 봅니다. 정답을 찾은 것만 같습니다. 처음 하는 계약이다 보니 지나치게 신중해진 게 아닐까 생각합니다. 이 집이 최선일까, 혹시 더 좋은 곳이 있진 않을까? 고민하는 중이라 추측했죠. 마침 먼저 독립을 경험했고 지인에게 도움을 주고 싶어서 이렇게 말합니다.

> "아무래도 선뜻 계약하기 힘들지? 우선 객관적으로 집에 대해서 먼저 평가를 해봐야 해. 교통권은 편리한지, 편의시설이 충분한지 또, 유해시설은 없는지 말이야. 무엇보다 가장 중요한 건 발품이야. 많이 보면 볼수록 지치겠지만 그만큼 더 좋은 선택을 할 수 있거든. 그렇게 하려면 말이야..."

이렇게 길게 말하는 동안, 지인이 그만 말하라는 신호를 몇 차례나 보내옵니다. 대충 얼버무리면서 대답하고 시선을 멀리 두거나, 고개를 반대로 돌리는 식으로 말이죠. 거기서 멈춰야 하는데, 이미 걸린 시동은 꺼질 줄 모릅니다. 한참 이야기를 하는 중에 참다못한 지인이 한마디를 던집니다.

> "무슨 말인지 알겠는데 그만해. 나 독립하고 싶어서 하는 거 아니거든, 쫓겨나는 거야."

이런 일이 벌어지는 이유가 뭘까요? 답부터 말하자면 바로 상대가 가진 '의도'를 잘못 해석했기 때문입니다. 앞에서 말한 이야기 속 저는 상대의 의도를 "계약이 어려워서 도움을 구한다."라고 추측했습니다. 하지만 여러분이 알고 있는 것처럼, 완전히 잘못 짚었죠. 사실은 "독립

과정에 문제가 있어 생긴 속상함을 터놓고 싶다.”였을 겁니다. 사실 의도를 제대로 알아차릴 수 있는 순간은 여럿 있었습니다. 평소와 달리 분위기가 차분하고, 반응이 시큰둥한 것도 모자라, 말하는 내내 딴청을 피웠으니까요.

먼저 본 1장 내용 중 ‘그래, 무슨 말인지 알겠어!’에서 말했던 것처럼 소통은 말하기로 나와 상대의 욕구를 실현하는 과정입니다. 그래서 상대가 가진 욕구를 추측해야 합니다. 의도를 파악하는 거죠. 하지만 의도를 제대로 파악하지 못하면 문제가 생깁니다. 잘못 추측하게 되는 이유는 간단합니다. 정보가 부족했기 때문이죠. 그 원인은 2가지로 나눌 수 있습니다. 첫 번째는 상대가 충분한 정보를 줬지만 내가 놓쳤기 때문이고, 두 번째는 아예 정보를 숨기고 있어서 내가 알 수 없었기 때문이죠.

결론부터 말하자면 우리는 두 원인의 해결 방법을 이미 알고 있습니다. 바로 2장, ‘말을 잘하려면, 관찰 스위치부터 켜야 한다.’에서 말했던 관찰 스위치를 사용하면 됩니다. 말을 준비할 때뿐만 아니라, 전달할 때도 관찰이 필요합니다.

첫 번째 원인의 해결 방법은 눈에 보이는 ‘말과 행동을 있는 그대로’ 관찰하는 겁니다. 나무만 보지 말고 숲을 봅시다. 상대가 주는 정보를 골라서 받아들이는 게 아니라, 전체를 수용해야 합니다. 그러면 단편만으로 의도를 파악하는 오류를 줄일 수 있습니다.

두 번째는 원인의 해결 방법은 상대의 ‘감정’을 관찰하는 겁니다. 아무리 숨기려고 해도 티가 나는 게 바로 감정입니다. 상대가 드러내지 않은 정보를 알고 싶다면 감정을 관찰해서 실마리를 찾아봅시다. 정확히는 상대의 기분이 어떤지, 왜 그런지를 집중해서 들여다보는 겁니다. 상대가 왜 오늘따라 분위기가 다른 건지, 축하한다는 말에 별다른 반응이 없는 건지 먼저 생각해보는 식입니다. 대화할 때 상대가 가진 의도를 제대로 파악하려면 상대의 감정을 관찰해서 그 속에 꼭꼭 숨겨둔 정보를 알아차리는 게 꼭 필요합니다.

만약 제가 이 사실을 미리 알았더라면 나름의 논리를 가지고 혼자서 연설하듯이 길게 말하지 않았을 겁니다. 많은 말을 하면서 해결해 주려고 노력하기보다, 마음 상태에 관한 질문을 여럿 던지거나 아예 말을 하지 않고 상대 이야기를 들어주는 방법을 선택했겠죠.

논리적인 말하기가 중요하지 않다는 게 아닙니다. 만약 상대가 가진 의도가 "문제를 해결해줬으면 좋겠다." 였다면 제가 한 대답은 큰 도움이 됐을 겁니다. 여기서 집중해야 할 건 최대한 상대를 잘 관찰해서 추측의 정확도를 높여야 한다는 점입니다.

만약 혼자서 떠올리는 게 어렵다면 질문하는 것도 좋은 방법입니다. "오늘 컨디션이 안 좋아 보이네?", "혹시 이 문제 때문에 그래?", "고민이 많은 것 같은데?"라는 식입니다. 주의할 점은 단정 짓지 말아야 한다는 겁니다. "너 컨디션 확실히 안 좋네." "안 봐도 이 문제 때문이구나." "딱 보니 고민이 많네."라는 식으로 상대 감정에 관해 결론을 내리지 않도록 합시다.

Q : 상대 감정을 너무 신경 쓰다 보면 지칠 것 같아요.

A : 감정을 관찰할 때 주의해야 할 점이 있습니다. 감정에만 집중해서 '공감 피로'에 빠지지 않는 게 중요합니다. 공감 피로는 상대가 가진 감정에 지나치게 공감한 나머지, 나 역시 함께 지쳐버리는 걸 말합니다.

앞에서 말한 이야기 속에서 제가 공감 피로에 빠졌다면 이런 것을 고민했을 겁니다. '어쩔 수 없이 쫓겨나다니…. 너무 속상하겠다. 감정 싸움을 어떻게 해결해줘야 하지?', 자신이 해결해 줄 수 없는 문제를 풀려고 노력하면 많은 에너지를 쓰게 됩니다. 상대의 감정은 내가 컨트롤 할 수 있는 영역이 아닌 것을 인정합시다. "이런 감정을 느끼고 있구나." 정도로 이해하고, 의도를 추측하는 것만으로 충분합니다.

존재감 있고 싶다면
말을 줄여라

1분 말하기 강의 시간, 존재감 있게 말하는 방법에 관해 이야기하고 있었습니다. 한 청중이 조심스레 자신의 이야기를 꺼냅니다.

"저는 평생을 존재감 없이 살았습니다. 아무리 말을 많이 해도 남들은 저를 잘 기억하지 못합니다. 말을 하면 할수록 강한 인상을 남기기는커녕, 혼자 중얼거리기를 반복하니 듣는 청중은 심지어 졸기까지 합니다. 이제는 극복하고 싶어서 오늘 이 자리에 왔습니다. "

그날 강의는 임원을 끝으로 정년퇴직 한 청중을 대상으로 진행했습니다. 한 직장에서 30년간 근무한 것도 모자라, 임원 자리까지 갔는데 존재감이 없다니? 다들 의아한 눈빛을 보냈습니다. 존재감 있다는 것은 어떤 뜻일까요. 우선 존재감의 사전적 정의부터 알아봅시다.

- 존재감: 사람, 사물, 느낌 따위가 실제로 있다고 생각하는 느낌

실제로 있다고 생각한다는 것은 지금, 내 피부로 생생하게 느껴진다는 말입니다. 1분 말하기에서 누군가에게 "존재감 있다."라고 말한다면, 그 뜻은 다음처럼 해석됩니다.

1분 말하기에서 말하는 '존재감 있는 사람'	자신을 드러내야 할 때, 확실하게 보여주는 방법을 아는 사람.

여기서 핵심은 앞에서 말한 표의 밑줄 친 부분입니다. 존재감 있는 사람은 '언제나' 나를 보여주려고 에너지를 쓰는 게 아니라, '필요할 때'만 제대로 움직여서 상대 기억에 남는 방법을 아는 사람입니다. 관심 없는 말을 길게, 많이 한다고 해서 반드시 남들이 기억하는 것은 아닙니다.

존재감 있게 말을 할 때는 오히려 짧고 강렬한 한 마디로 순식간에 시선을 끄는 게 좋을 수 있습니다. 사회생활 할 때는 이렇게 말하기로 존재감을 드러내는 게 중요합니다. 물론 사람마다 그런 가치를 느끼는 상황은 다릅니다. 누군가는 입사 첫날 자기소개하고, 회식 자리에서 건배사를 할 때 존재감을 확실히 드러내기를 바랍니다. 또 다른 사람은 회의하고, 보고할 때 짧고 강렬한 메시지를 전달해 원하는 이미지를 얻기도 합니다. 이 내용을 신입사원을 대상으로 한 유튜브 영상으로 만들

었더니, 이런 질문 댓글이 달립니다.

Q : 회사에서는 튀지 않고, 중간만 가는 게 제일 좋지 않나요?

A : 1분 말하기에서 '존재감이 있다'라는 것은 상황에 따라 자신을 드러낼지 말지를 '조절'할 줄 아는 것이고, 튀는 것은 그러지 않아도 되는 상황을 구별하지 못하고 말하거나 행동하는 것을 말합니다. 즉, 의미가 다른 것이죠.

　조절할 줄 안다는 걸 바꿔 말하면 오히려 존재감이 없어야 하는 상황에서는 완벽하게 숨는 법을 안다는 겁니다. 3장에서도 말했지만, 1분 말하기는 정면 돌파만이 정답이라고 말하지 않습니다. 직장 생활을 하다 보면 존재감을 없애고 싶은 상황도 존재하죠. 피하고 싶은 상황이라면 말을 더 확실히 줄여야 합니다. 아예 침묵하는 게 방법이 될 수 있겠죠. 그 방법은 다음 6장에서 구체적으로 설명하고 있습니다.

06

1분 말하기
전달의 기술

긴말 → 짧은 말 줄이기 실전 ①
피하는 게 답이다

리액션으로
위기를 탈출하자

이번 장에서는 3장에서처럼 피하고 싶은 상황에서 꺼내 쓰는 1분 말하기 기술을 소개합니다. 때에 따라 말을 길게 하는 것보다 짧게 줄이거나 침묵하는 게 더 좋을 수도 있습니다. 이제부터는 '긴말을 짧은 말로 줄이는 1분 말하기 기술'로 난감한 상황에서 벗어나 봅시다.

"너 지금 내 말, 귓등으로 듣고 있지?"

앗, 들켰습니다. 사실 대화 주제에 전혀 관심이 없었습니다. 하지만 상대를 배려하려고 나름대로 모든 말을 귀담아들으려 노력하고 있었습니다. 이제 한계입니다. 자꾸만 다른 생각이 듭니다. 억지로 대화를 이어 나가려고 다시 집중합니다. 생각나는 대로 이야깃거리를 꺼내 봅니다. 아, 주절주절하기 시작합니다. 이제는 내가 뭐라고 말하는지조차 모르겠습니다.

직장 생활을 하다 보면 생각보다 이런 상황을 많이 겪습니다. 이때 여러분은 어떻게 하나요? 애초에 불편한 상황을 만들지 않거나, 자리를 뜨는 게 가장 편한 방법이겠지만 매번 그러기 쉽지 않습니다. 그렇다고 아무 말도 하지 않고 있자니 분위기가 가라앉는 게 영 불편하게 느껴집니다. 억지로 이야깃거리를 꺼내거나 공감대를 만들려고 노력하다 보면 마음속에는 이 말만 떠다니죠. "아, 빨리 집에 가고 싶다."

잘 알지 못하거나 관심 없는 주제에 관해 대화를 이어나가야만 할 때, 억지로 노력하면 그만큼 더 쉽게 지칩니다. 게다가 상대도 단박에 알아차립니다. 이럴 때 필요한 게 바로 '리액션(reaction) 기술'입니다. 최소 에너지만 사용해서 최대 효과를 얻는 방법이죠. 작은 반응을 보여주는 것만으로도 상대의 말을 귀담아듣는 사람이라는 이미지, 큰 효과를 얻을 수 있습니다. 리액션 기술만 잘 사용해도 불편한 상황을 쉽게 벗어날 수 있습니다. 또 나는 억지로 노력해서 이야깃거리를 꺼내지 않아도 되고, 상대는 하고 싶은 말을 더 많이 할 수 있으니 서로에게 좋은 일인 셈입니다.

리액션 기술을 사용할 때 가장 먼저 해야 하는 일은 '타이밍 찾기'입니다. 강의할 때 청중에게 꼭 이 말을 합니다. "몇 시간 동안 앞에서 이야기하는 저보다 모든 말을 경청하고 있는 여러분이 더 힘든 일을 하고 있습니다."라고 말이죠. 그만큼 경청은 에너지가 많이 들어가는 일입니다. 상대가 하는 모든 말에 빠짐없이 리액션하는 건 어려운 일입니다. 대화하는 도중, 꼭 필요할 때만 리액션을 해봅시다. 그래도 충분합니다.

Q : 그럼 리액션이 필요한 상황이란 어떤 건가요?

A : 바로 '시작과 끝, 그리고 하이라이트'에만 써도 좋습니다.

리액션 기술은 결정적 순간을 기다렸다 사용해야 합니다. 중요한 내용에 관해 대화하고 있을 때, 짧고 굵은 말과 행동으로 적절하게 대응하면 상대 기억에 확실히 남기 때문입니다.

상대 이야기의 처음과 마지막, 그리고 가장 두드러지는 부분이 리액션하기에 가장 좋은 순간입니다. 상대가 맨 처음 말문을 열었을 때 리액션을 사용하면, 말하는 사람은 관심받고 있다고 생각합니다. 또 하이라이트에서 쓰면 말을 하는 사람은 더욱 신이 납니다. 듣는 사람이 공감해준다고 느끼기 때문이죠. 이야기를 끝마쳤을 때는 고마움을 느낍니다. 끝까지 경청하고 있었다는 걸 리액션으로 끊임없이 확인했기 때문이죠.

Q : 하이라이트를 어떻게 알아차리나요?

A : 이야기가 반전되거나, 말하는 사람의 감정이 도드라지는 때. 그때가 하이라이트입니다. 다른 사람의 이야기를 들을 때는 내용뿐

만 아니라, 말하는 사람을 관찰해봅시다. 그러면 갑자기 표정이 변하거나, 목소리가 커지거나 작아지는 걸 발견할 수 있습니다. 관찰만 잘해도 이야기의 하이라이트를 알아차리기 쉽습니다. 만약 듣는 것과 동시에 다른 사람을 관찰하기가 어렵다면 우선 이야기의 시작과 끝에 먼저 집중해 봅시다. 이후 어느 정도 숙련된 다음에 하이라이트 부분에도 반응하는 연습을 해봅시다.

알맞은 타이밍을 찾았다면 이제는 상대에게 직접 리액션을 보여줄 시간입니다. 다음 장에서 살펴봅시다.

리액션을
제대로 보여줘라

리액션으로 상황을 벗어나기로 마음먹었다면, 본격적으로 리액션을 사용할 차례입니다. 리액션은 한 번 쓸 때, 제대로 보여줘서 확실하게 기억에 남도록 해야 합니다. 그렇게 해야 상대는 내가 계속 경청하고 있다고 생각하기 때문입니다. 하지만 여기서 주의해야 할 점이 있습니다. 바로 제대로 보여준다는 말이 '애쓴다.'라는 것과 같은 말은 아니라는 겁니다.

　리액션할 때마다 머리부터 발끝까지 힘을 잔뜩 준 상태로 과장해서 반응해야 한다고 상상해 보세요. 그날은 퇴근 후 집에 도착하자마자 침대에 곧바로 쓰러질지도 모릅니다. 결정적 순간에 딱, 필요한 만큼만 에너지를 꺼내서 사용해 봅시다. 그렇게만 해도 충분히 제대로 보여줄 수 있습니다. 앞장에서도 말했지만, 리액션 기술은 관심 없는 이야기에도 흥미롭게 경청하는 것처럼 보이게 도와주는 기술입니다. 에너지를 조금만 사용해 큰 효과를 얻는 방향으로 사용해야 합니다.

Q : 그럼 어떻게 리액션 해야 하나요?

A : 리액션 종류는 많습니다. 그중 가장 쉽고, 자주 사용할 수 있는 것만 알아봅시다.

• **추임새**

추임새는 판소리에서 흥을 돋우기 위해 사용하는 소리입니다. '좋다', '얼씨구' 등이 있습니다. 하지만 대화할 때도 이런 추임새를 쓰는 사람은 없겠죠? 대화용 추임새가 필요합니다. 바로 '감탄사'(음, 오, 아, 예 등)입니다. 4가지 감탄사를 번갈아 가면서 활용해 보세요. 어지간한 대화 공백 대부분을 채울 수 있습니다.

• **눈**

대부분 대화 내내 눈을 마주치는 게 좋다고 합니다. 그래서 아이컨택이 어렵다면 미간이나 인중을 바라보라고까지 합니다. 지금 누군가 바로 앞에서 내 미간을 쳐다본다고 생각해보세요. 어떤가요? 거리가 가까울수록 티가 납니다. 이왕 눈을 마주치기로 마음먹었다면 제대로 마주쳐 봅시다. '1초 아이컨택'을 활용하는 겁니다. 딱 시작과 끝, 하이라이트 부분에서만 1초만 상대를 바라봐도 충분합니다. 잠깐만 눈을 마주치고, 후에는 내가 편한 곳으로 시선을 옮겼다가 필요할 때 다시 1

초만 마주치는 식입니다.

• 고개

상대의 이야기가 공감이 가면 갈수록 고개는 자연스럽게 끄덕입니다. 하지만 반대라면 문제가 생기죠. 분위기상 필요하다는 생각이 들어도, 목은 쉽게 움직이지 않습니다. 그래서 평소 훈련이 필요합니다. 상대의 이야기를 듣는 도중 일부러 목뒤 근육을 의식하면서 움직여 봅시다. 그러다 보면 결정적 순간에 고개를 끄덕임을 잘 활용할 수 있습니다.

• 표정

늘 밝은 표정으로 이야기를 듣는 건 쉬운 일이 아닙니다. '관심 있는 표정'으로 대화해 봅시다. 물론 말을 듣는 내내 흥미로워하는 표정을 짓긴 어렵겠죠. 여기서도 1초 아이컨택과 마찬가지로 필요한 상황에서만 꺼내 사용하면 됩니다. 중요한 순간에 눈썹을 살짝 올리거나, 눈을 크게 떠봅시다. 순간 입술을 오므리는 것도 좋습니다. 억지로 미소를 짓고 있는 것보다는 훨씬 편안하고, 자연스러워 보입니다.

• 태도

이야기를 들을 때 자신도 모르게 팔짱을 끼고, 몸을 반쯤 뒤로 젖히는 행동을 하는 사람들이 있습니다. 표정과 마찬가지로 '관심 있는 태도'를 의식적으로 만들어봅시다. 상대 쪽으로 몸을 기울이거나, 물리적 거리를 좁히는 것도 방법입니다. (단, 사람마다 안전거리가 다르기에, 급하게 움직이는 것보다는 조금씩 행동하는 게 좋습니다.)

이렇게 리액션 기술을 잘만 사용해도 주절주절, 억지로 이야깃거리를 만들어 내지 않아도 됩니다. 여기서 잠깐! 리액션 기술은 이해하는 것만으로는 부족합니다. 반드시 훈련을 통해 몸에 익히는 게 중요합니다. 나도 모르게 몸에 익은 습관을 바꾸는 시간이 필요하기 때문입니다. 기억합시다. 리액션도 충분히 연습해야 합니다.

리액션 고수는
이렇게 말한다

신입사원 때, 상사가 자녀교육에 관한 이야기를 1시간이 넘게 한 적 있습니다. 사실 이때는 결혼하지 않은 상태라 이 주제에 관해 관심이 전혀 없었죠. 리액션 기술을 사용하면서 상사가 이야기를 마치기만을 기다렸지만, 도통 끝날 기미가 보이지 않습니다. 리액션 기술이 아무리 필요한 만큼만 에너지를 사용하는 기술이라고 해도 장기전이 되면 지칠 수밖에 없습니다. 이럴 때는 지루한 상황 자체를 흥미롭게 바꿔야 합니다. 대화를 주도할 차례인 거죠.

대부분 "대화를 주도한다."라고 하면 말을 많이 해야 한다고 생각합니다. 하지만 1분 말하기에서는 다릅니다. 오히려 몇 마디 하지 않을수록 좋습니다. 리액션만 잘해도 자신이 관심 있는 주제에 관해 이야기하도록 분위기를 이끌 수 있습니다. 1분 말하기에서는 이런 사람을 '리액션 고수'라고 합니다.

> **Q : 그럼 리액션 고수가 되려면 어떻게 해야 하나요?**
>
> **A : 리액션 고수가 자주 사용하는 1분 말하기 기술이 있습니다. 다음에서 순서대로 알아봅시다.**

1. 궁금증 질문하기 기술

대화를 주도하려면 내가 관심 있는 내용으로 대화 주제를 바꿔야 합니다. 방법은 쉽습니다. 바로 '궁금증 질문하기 기술'을 사용하기만 하면 됩니다. 구체적으로 설명하기 전에 먼저 다음 예시부터 봅시다. 앞에서 말한 상사가 말하는 도중에, 만약 이런 질문을 던지면 어떨까요?

- 그런데 자녀가 벌써 초등학생이라니, 결혼을 일찍 하셨어요?
- 그런데 요새 애들 사이에서 이 장난감이 유행이라고 하던데, 맞나요?
- 그런데 요즘엔 학교에서 수영도 배운다던데, 정말 그런가요?

이렇게 물으면 상사는 자녀교육에 관한 말을 멈추고 '결혼', '장난감', '수영'에 대해 이야기할 확률이 높습니다. 갑자기 뜬금없이 질문한 게 아니라, 자신이 말하던 주제와 연관해서 질문했기 때문입니다. 대화 주제를 자연스럽게 바꾸려면 이 단어만 쓰면 됩니다.

'그런데'

아무리 관심 없는 이야기라도 듣다 보면 궁금증이 생기는 지점이 있습니다. 특히 나는 잘 알지 못하지만 대부분 다른 사람들은 알고 있는 일, 또 내가 아직 경험하지 못했으나 곧 닥칠 상황을 상대가 먼저 겪었을 때 더 그렇습니다. 그때 속으로만 생각하지 말고 상대에게 질문해 봅시다. 말의 첫머리는 '그런데'로 시작하면 됩니다. '그런데'는 앞에 말했던 대화 내용과 관련하면서, 화제를 다른 방향으로 이끌어 나갈 때 쓰는 접속부사이기 때문에 자연스럽게 분위기를 전환할 수 있습니다.

2. 조언 이끌기 기술

궁금증 질문하기 기술을 사용해서 대화 주제를 바꾸는 데 성공했습니다. 그런데 문제가 생겼습니다. 대화가 그대로 끝나버린 겁니다. 왜 그랬을까요? 답부터 말하자면 상대가 잘 알지 못하거나 대답하고 싶지 않은 내용이었기 때문입니다. 만약 대화를 그대로 마무리해도 된다면 상관없지만, 좀 더 이어나가야만 하는 상황일 수도 있습니다. 3장, '할 말이 없다면 주도권을 넘겨라.'에서 말했던 어색한 상사와 단둘이 출장 가는 일처럼 말이죠. 이때는 '조언 이끌기 기술'을 사용해 봅시다. 다음 문장에서 밑줄 친 부분이 '조언 이끌기 기술'을 사용한 부분입니다.

- 그런데 자녀가 벌써 초등학생이라니, 결혼을 일찍 하셨어요? 저는 매일 아침에 제 한 몸 챙기기에도 바쁜데…. 가정을 꾸린 모습이 전혀 상상되지 않네요.
- 그런데 요새 애들 사이에서 이 장난감이 유행이라고 하던데, 맞

나요? 마침 제 조카가 이번 달에 생일인데 사줄까 싶어서요.

• 그런데 요즘엔 학교에서 수영도 배운다던데, 정말 그런가요? 저는 이제야 수영장을 다녀볼까 생각하고 있거든요.

어떤가요. 겉으로는 내 이야기를 하는 것 같지만, 잘 살펴보면 속으로는 상대에게 조언을 구하고 있습니다. 이렇게 질문 다음에 내 경험이나 생각과 같은 정보를 더해서 말하면 상대가 조언할 수 있도록 분위기를 이끌 수 있습니다. 만약 상대가 이미 잘 알고 있거나 경험한 분야라면 자신도 모르게 아는 만큼 알려주고 싶어집니다. 상대가 조언을 시작했다면 이제 다시 리액션 기술을 사용하면서 대화를 이어가면 됩니다.

이 짐승은 위험하니
절대 먹이를 주지 말자 (보고편)

"이 짐승은 위험하니 절대 먹이를 주지 마세요."

저는 빌런과 대화를 할 때도 이 말을 마음에 새겨둡니다. 빌런은 나를 공격하는 사람입니다. 호시탐탐 실수할 때만 노리고 있습니다. 만약 실수하지 않으면 어떤 말을 하든 꼬투리를 잡을 준비를 하는 사람입니다. 그래서 최대한 입을 다물려고 합니다. 말을 아낀다는 건 내 이야기를 하지 않는 거죠. 내가 어떤 생각을 하는지, 또 어떤 감정을 느끼는지 절대로 말하지 않습니다. 물어뜯을 수 있는 재료를 줄까 봐 몸을 사리는 겁니다. 그런데 어쩔 수 없이 대화를 꼭 해야 할 때가 있습니다. 가령, 빌런이 매일 얼굴을 봐야 하는 직장 상사일 때가 특히 그렇죠. 굳이 먼저 다가가서 말을 걸어야 합니다. 그럴 땐 어떻게 할 건가요? 입을 꾹 닫고 말을 안 하고 싶지만 그럴 수 없다면 오히려 구체적으로 말해서 트집 잡지 못하게 해야 합니다. 듣고 싶어 하는 말을 A부터 Z까지 모두 설명하면 됩니다. 보고해야 한다면 보고에 필요한 정보를 하나부터 열까지 샅샅이 말하면 됩니다. 예를 들면 이런 식입니다.

> 우리 회사의 과거 3개년 실적 보고서입니다. 매출은 10%씩 증가했고, 영업이익률은 1%씩 증가했습니다. 같은 가정으로 미래 추정에 적용해 보니, 2024년부터 미래 5년 동안 매출 증가율 10%, 영업이익률은 매년 1%씩 증가한다고 가정하면 미래 5개년 영업이익 합계는 2,046만 원이 도출됩니다.

최대한 상세하게 사실을 풀어 설명하는 이유는 간단합니다. 생략하면 할수록 말꼬리를 잡고 늘어집니다. "수치가 왜 이래? 이유가 그게 다야? 넌 머리는 장식이냐?"라는 식으로 인신공격도 마다하지 않습니다. 보고할 때, 구체적인 숫자와 상황을 근거로 들어 말하면 더는 덧붙일 말이 없어집니다. 1분 말하기 기술, '보고하기'를 소개합니다.

1. 정리하기

지금까지 일어난 사건을 한 문장으로 정리해봅시다. 5장, '말나무로 정리하기'에서 이야기했던 말나무로 정리하기 기술이 필요합니다. 현재 일어난 일 중, 가장 중심이 되는 핵심 사건이 무엇인지 살펴봅시다. 우선순위를 정했다면 이제 '말나무 줄기'를 만들어봅시다.

- 우리 회사의 과거 3개년 실적 보고서입니다. (줄기)

2. 설명하기

이제 가지를 더할 차례입니다. 보고서 내용 중 상사가 궁금해할 만한 것을 미리 설명해 봅시다. 여기서 중요한 점은 가지가 구체적일수록 좋다는 겁니다. 숫자나 장소를 상세하게 말해봅시다. 그러면 상사가 훨씬 빠르게 이해하기 때문에 보고에 드는 시간이 줄어듭니다. 다음 밑줄 친 부분이 가지입니다.

- 우리 회사의 과거 3개년 실적 보고서입니다. (줄기) 매출은 10%씩 증가했고, 영업이익률은 1%씩 증가했습니다. (가지1)

여기서 잠깐! 가지는 여러 개여도 괜찮습니다. 중요한 정보라면 놓치지 말고, 반드시 더해서 이야기해야 합니다. 먼저 설명하면 또 다른 질문에 대답하는 수고를 덜 수 있습니다.

3. 예상하기

다 왔습니다. 마지막으로 잠깐 상사 입장이 돼봅시다. 보고를 2번 내용까지 듣고 나면 머릿속에는 이 생각이 맴돌 겁니다. '그래서 어떻게 하라는 거지?' 마지막 예상하기는 상사가 이 질문을 하기 전에 먼저 해결해 주는 과정입니다. 다음처럼 말이죠.

줄기	우리 회사의 과거 3개년 실적 보고서입니다.
가지	매출은 10%씩 증가했고, 영업이익률은 1%씩 증가했습니다.
예상	같은 가정으로 미래 추정에 적용해 보니, 2024년부터 미래 5년 동안 매출 증가율 10%, 영업이익률은 매년 1%씩 증가한다고 가정하면 미래 5개년 영업이익 합계는 2,046만 원이 도출됩니다.

1분 말하기 기술

이 짐승은 위험하니
절대 먹이를 주지 말자 (대화편)

Q : 만약 빌런과 사적인 대화를 하게 된다면 어떻게 하나요? 어쩔 수 없이 점심시간에 함께 식사하거나 휴게실에서 만나게 되면 꼭 제 개인적인 이야기를 물어요. 저는 말하고 싶지 않은데 자꾸 질문하고 수다를 떨려고 하니 짜증이 나요.

A : 앞 장에서 말한 내용과 비슷합니다. 피하고 싶은 상황이죠. 하지만 대응하는 방법은 완전히 반대입니다. 이때는 상세하게 말하는 게 아니라, 반대로 무조건 입을 꾹 다물어야 합니다.

아무 말도 하고 있지 않으면 빌런은 시도 때도 없이 공격을 시도합니다. 왜 말을 하지 않느냐, 오늘 기분이 좋지 않으냐, 무슨 문제가 있냐는 식으로 끝없이 질문합니다. 제대로 방어하려면 말을 조금이라도 해야 합니다. 대신 이것 하나만 주의합시다. 빌런과 사적인 대화를 할 때는 철저하게 하고 싶은 말을 숨기고 조금만 보여줘야 합니다. 그러기 위해서는 다음과 같은 방법이 필요합니다.

'모호하게 말하기 기술'

어떤 질문을 받더라도 상세하게 대답하지 맙시다. 예를 들면, 이런 식입니다.

• 빌런 : 애인은 무슨 일 해 ? 외모는 어때?

1. 모호한 대답	그냥 회사원이죠. 제 눈에는 괜찮은 것 같아요.	O
2. 구체적 대답	부산에서 회사 다녀요. 키가 크진 않은데, 잘 꾸미고 다녀서 좋아요.	X

2번처럼 얘기하는 순간 공격이 시작됩니다. 부산지역 전망이 어떤지부터 시작해서 다니는 회사명이 뭔지, 또 외모뿐만 아니라 사적인 부분까지 상세하게 질문할 수도 있습니다. 그러면 대답하기 싫은 질문에도 억지로 말해야 할지도 모릅니다.

기억합시다. 빌런과 공적인 대화를 할 때는 최대한 구체적으로 말하고 반대로 사적인 대화를 할 때는 입을 다물고 짧게, 또 모호하게 말하도록 합시다.

Q : 그런데도 계속 억지로 캐물으면 어떻게 해야 할까요?

A : 대부분 '모호하게 말하기 기술'에서 대화가 끝납니다. 하지만 예외는 언제나 있는 법이죠. 그때는 최후의 기술 '되묻기 기술'을 사용해 봅시다. 상대가 물은 질문을 그대로 돌려줍시다. 앞에서 말한 상황에서는 이렇게 되물을 수 있습니다.

"부장님 아들도 부산에서 근무한다고 하지 않았나요?"
"부장님 딸도 패션에 관심 많다고 하지 않았나요?"

이 말을 들은 상대의 반응은 둘로 나뉩니다. 묻지도 않은 부분까지 상세하게 풀어서 설명하거나, 반대로 빌런 자신도 대답하기 난감해하며 곧 침묵합니다. 그러면 이제 대화 내용의 중심이 내가 아니라 상대가 됐습니다. 성공입니다. 불편한 상황을 벗어났습니다.

이렇게 '모호하게 말하기 기술'과 '되묻기 기술'을 함께 사용하면 대화를 잘 끝맺을 수 있습니다. 또 "왜 질문에 대답하지 않고, 되묻느냐?"라는 식의 꼬투리도 막을 수 있습니다. 모호하지만 일단 상대가 한 질문에 대답은 했기 때문이죠.

침묵이
더 유용할 때가 있다

"매번 아이스 아메리카노만 마시네?"

여기까지는 괜찮았습니다. 그런데 뒤에 더한 말이 문제입니다.

"속에 화가 많은 사람이 찬 음료를 그렇게 마신다던데…. 하하하 농담이야 농담! 에이, 기분 나쁜 거 아니지?"

농담? 분명 장난을 가장한 진심입니다. 하지만 본인이 그렇지 않다고 하니 속에서 부글부글 끓습니다. 이 말에 만약 발끈하면서 하나부터 열까지 따지고 들면 상대는 분명 이렇게 이야기할 겁니다.

"왜 그래, 난 가볍게 한 말인데 너무 예민한 거 아니야?"

뒷골이 당깁니다. 이럴 때는 어떻게 해야 할까요? 앞에서 말한 예시처럼 말하는 사람은 두 분류로 나뉩니다. 첫 번째는 자신도 모르게, 무의식중에 떠오르는 대로 말하는 사람이고 두 번째는 진한 악의를 품고 말을 내뱉는 사람이죠. 대처 방법은 둘 다 같습니다. 다음 1분 말하기 기술을 순서대로 사용해 봅시다.

1. 침묵하기

생각해봅시다. 내가 상대에게 말을 걸었는데 곧바로 대답이 돌아오지 않습니다. 어떤가요? 혹시 나도 모르게 말실수를 한 건 아닐까 멈칫하게 됩니다. 이 상황을 만들어봅시다. '침묵하기 기술'을 사용하는 겁니다.

침묵하는 동안 상대가 한 말을 곱씹어 봅시다. 딱 3초 동안만 이 말에 들은 진짜 의도가 무엇인지 살펴보는 겁니다. 사실 사회생활을 하면서 쌓인 경험 덕분에, 상대 말을 듣자마자 높은 확률로 진의를 눈치챌수 있을 겁니다. 하지만 굳이 드러내지 맙시다. 침묵은 상대에게 이런 메시지를 던지는 것과 같습니다.

• 지금 한 말, 어떤 의미인가요?

물론 이 말을 바로 전달할 수 있다면 그것도 괜찮습니다. 돌직구가 성격에 맞는 사람이 분명 있습니다. 하지만 반대 성향이라면, 또 문제 상황을 크게 키우지 않고서 조용히, 확실하게 의사를 보이고 싶다면 침묵해 봅시다.

2. 동의하기

그대로 침묵하고 있으면 상대는 빈틈을 놓치지 않고 파고듭니다. "왜, 기분 나빠서 그러는 거야? 에이 그렇게 안 봤는데 실망이네."하면서 말이죠. 곧바로 반격에 나섭시다. 이렇게 '동의하기 기술'을 사용하는 겁니다.

- 그렇게 생각하실 수도 있겠네요.

이 말속에는 많은 내용이 숨겨져 있습니다. "당신이라면 그 정도밖에 생각하지 못하겠군요." 라거나, "당신은 그렇게 생각하는 게 당연할 테니 어쩔 수 없죠."라는 식일 겁니다. 만약 이 말을 그대로 입 밖으로 내뱉으면 문제는 커집니다. 문제의 핵심에 집중하기보다는 불필요한 감정싸움에 휘말리겠죠. 메시지를 함축한 채로 동의해 봅시다. 그러면 만약 자신도 모르게 말실수를 한 상대는 실수를 깨달을 것이고, 악의를 가진 사람은 뜨끔할 겁니다.

3. 허울뿐인 감사 전하기

'동의하기 기술'까지 사용했는데도 물러서지 않는 사람이 있습니다. 그럴 때는 '허울뿐인 감사 전하기 기술'을 사용해 봅시다.

- 조언 고맙습니다.

진심을 담아 감사함을 전달하면 반드시 상대가 알아차립니다. 물론 반대 경우도 마찬가지죠. 비어있는 마음을 상대에게 전달해 봅시다. 상대는 "전혀 고맙지 않지만 일단 그렇게 말만 할게요." 하는 의도를 잘 알아차릴 겁니다. 이제 상대에게 남은 선택지는 대화를 종료하는 것뿐일 겁니다.

칭찬하기에도
기술이 필요하다

~~~~~~

칭찬은 고래도 춤추게 한다고 합니다. 누구는 없는 칭찬도 지어내라고
말하기도 합니다. 이런 칭찬에도 기술이 필요합니다.

"오늘 패션이 정말 화사한 것 같습니다. 참 잘 어울리세요. 혹시 오늘
저녁에 퇴근하고 약속 있으십니까?"

신입사원일 때 상사에게 이렇게 말했습니다. 잠시 침묵하던 상사는
이렇게 말합니다.

"그럼 평소에는 후줄근했다는 건가요?"

1분 말하기 기술

이렇게 반응하는 사람들이 생각보다 많이 있습니다. 아마도 상사는 자신을 평가했다고 느꼈을 겁니다. 말하는 사람은 좋은 의도를 가지고 한 말입니다. 심지어 길게 말을 늘이면서까지 성의있게 칭찬한 건데 오해가 생긴 거죠. 이런 성향인 사람에게는 칭찬을 아끼고 상황을 피하는 게 최선입니다.

> **Q :** 하지만 칭찬이 필요한 상황도 있잖아요. 그때 상대가 어떤 성향인지 모를 때는 어떻게 하죠?

> **A :** 1분 말하기, 바꿔말하기 기술을 사용할 때입니다. 상대에 관한 정보가 부족할 때는 평가하는 것처럼 들릴 수 있는 칭찬을 피해야 합니다. 긴말을 짧게 줄여서 이렇게 말해봅시다. 바로 '있는 그대로 칭찬하기'입니다. 다음을 봅시다.

"하늘색 블라우스가 정말 잘 어울리시네요."
"네모난 안경 디자인이 잘 어울리십니다."
"원피스 원단이 참 부드러워 보이네요."
"크로스백 재질이 참 탄탄해 보이네요."

색깔이나 재질은 누구나 똑같이 생각합니다. 하늘색을 보고 분홍색이라고 말하는 사람은 없겠죠. 눈에 보이는 특징만으로 칭찬하면 다른 의견이 있을 확률이 줄어듭니다. 지금까지 제게 "그럼 분홍색 블라우스는 안 어울린다는 건가요?"라는 식으로 대답한 사람이 없는 것을 보면 말입니다.

평가하는 것처럼 들릴 수 있는 칭찬	있는 그대로 하는 칭찬
블라우스를 입으니 참 화사해 보이세요.	하늘색 블라우스가 정말 잘 어울리시네요.
안경 디자인이 요새 트렌드에 잘 맞는 스타일이네요.	네모난 안경 디자인이 잘 어울리십니다.
원피스가 정말 잘 어울리시네요.	원피스 원단이 참 부드러워 보이네요
크로스백이 평소에 들고 다니기 딱 좋은 스타일이네요.	크로스백 재질이 참 탄탄해 보이네요

　　다시 한번 말하자면, 1분 말하기는 내가 원하는 걸 얻는 도구입니다. 상대와 깊은 관계를 원하지 않는다면 억지로 노력하지 않아도 됩니다. 1분 말하기는 서로 좋은 영향을 줄 수 있는 상대에게만 사용하면 됩니다.

1분 말하기 전달의 기술

긴말 → 짧은 말 줄이기 실전 ②
정면 돌파가 답이다

일단 시선부터 끌자

이번 장에서는 4장에서처럼 정면 돌파하고 싶은 상황에서 꺼내 쓰는 1분 말하기 기술을 소개합니다. 하고 싶은 말이 있을 때는 짧은 문장으로 시선부터 끌어야 합니다. 이제부터 확실하게 짧게 말을 줄이는 1분 말하기 기술로 분위기를 주도해 봅시다.

신입사원 때 대리와 과장, 상사 2명과 점심을 함께한 적 있습니다. 마침 대리와 있었던 재미난 에피소드가 떠오릅니다. 밥 먹는 것도 잊은 채로 과장에게 이야기를 한참 들려줍니다. 갑자기 과장이 한마디 합니다.

"아, 더 말하지 않아도 무슨 일이 있었는지 알겠어. 그런데 네가 말하니까 영 재미가 없다."

재밌다고 생각해서 내가 먼저 이야기를 꺼냈더니, 상대는 궁금하지도 않은 이야기를 왜 이렇게 길게 하냐는 식으로 쳐다봅니다. 반대로 상대가 먼저 물은 말에 대답할 때도 마찬가지입니다. 최대한 친절하고 상세하게 말하고 싶은 마음이 커서 그렇게 하는 건데 상대는 자꾸만 시계를 들여다봅니다. 왜일까요? 뒤에 이어질 이야기가 별로 듣고 싶지 않기 때문입니다. 이럴 때는 일단 궁금하게 만들어야 합니다. 그래야 듣는 사람이 더 말에 귀를 기울입니다.

Q : 그러면 어떻게 말하면 상대가 궁금해 하나요?

A : 이럴 때 사용하면 좋은 1분 말하기 기술이 있습니다. 바로 '시선 끌기 기술'입니다. 다음을 함께 봅시다.

"어제 대리님과 함께 외근을 나가다가 주유소를 들렀을 때, 이런 일이 있었어요."

어떤가요. 갑자기 이 말을 꺼내면 듣는 사람은 왜 뜬금없이 이런 말을 하는지 의아한 생각이 듭니다. 또 다음 말이 전혀 궁금해지지 않습니다. 이때는 1분 말하기 기술 중에 '시선 끌기 기술'을 사용해 봅시다. 시선을 끄는 한마디를 먼저 던져서 상대가 이야기에 집중하게 만드는 거죠. 다음 문장 밑줄 친 부분이 시선을 끄는 한마디입니다.

1. 어제 대리님과 함께 외근을 나가다가 주유소를 들렀을 때, 이런

일이 있었어요.

2. 저 엄청 황당한 일이 있었어요. 어제 대리님과 함께 외근을 나가
다가 주유소를 들렀을 때, 이런 일이 있었어요.

어떤가요. 만약 내가 듣는 사람이라면 2번처럼 말을 했을 때 훨씬 다
음 말이 궁금해집니다. 무슨 황당한 일이 있었는지를 상세하게 알려주
지 않았기 때문입니다. 말하는 사람이 중요한 내용을 먼저 말하지 않아
서 그다음 말이 기다려집니다.

시선 끌기 기술을 사용하는 방법은 간단합니다. 본 말을 하기 전에
다음처럼 시선을 끄는 한마디를 추가하면 됩니다. 그리고 나중에 상세
하게 설명해주는 거죠. 앞에서 말한 문장을 다시 한번 볼까요.

• 저 엄청 황당한 일이 있었어요. (시선을 끄는 한마디) 어제 대리님과
함께 외근을 나가다가 주유소를 들렀을 때, 이런 일이 있었어요.

Q : 그럼 시선을 끄는 한마디로 사용하기 좋은 다른 예는 어떤 것이 있나요?

A : '시선 끌기' 기술은 앞으로 할 이야기를 궁금하게 만드는 게 핵심
입니다. 그래서 시선을 끄는 한마디를 미리 던지는 거죠. 다음 구
조로 이해하면 됩니다.

• 시선을 끄는 한마디 + 다음 일어날 일 상세하게 말하기

제가 자주 사용하는 시선을 끄는 한마디입니다. 다음 표를 참고합시다.

시선을 끄는 한마디	상세하게 설명하기
저번 달에 저 대단한 사실을 알았어요.	대중교통 이용금액을 그대로 돌려주는 행사를 지자체에서 하더라고요.
저번 주에 저 재미있는 사람을 만났어요.	여행지에서 만난 사람이에요. 말을 너무 재미있게 하더라고요. 궁금해서 직업을 물어봤더니 유튜버래요.
그저께 저 엄청 행복했어요.	라면을 끓이려고 봉지를 뜯었는데 그 안에 다시마가 두 개나 들어있지 뭐예요?
어제 저 충격받았어요.	간헐적 단식이 뭔지 처음 알았거든요. 그런 개념이 있는 줄 몰랐어요.
방금 저 큰일이 있었어요.	건널목을 지나는데 우회전하는 차량이 멈추지 않고 그냥 다가오지 뭐예요?
오늘 저녁에 저 기차 타러 가야 해요.	가고 싶은 콘서트가 있는데, 다른 지역에서 한다고 하더라고요.

시선을 끌었다면,
그대로 붙잡아라

시선을 끄는 한마디로 말을 시작했다면 내 존재감을 남들에게 잘 드러내는 데 성공한 겁니다. 이제는 끝까지 시선을 붙잡아 놓을 차례입니다. 꽉 잡아두기 위해서는 다양한 1분 말하기 기술을 사용해야 합니다. 그러면 나는 상대에게 확실하게 각인돼 오랫동안 기억에 남는 사람이 됩니다. 이럴 때 활용하는 1분 말하기 기술 중, 하나를 먼저 배워봅시다. 바로 '끊어 말하기' 기술입니다. 짧게 끊어서 말을 하면 상대는 내가 전달하고자 하는 메시지를 더 잘 이해합니다. 다음 문장을 소리 내어 읽어봅시다.

1. 어제 대리님과 함께 외근을 나가는 도중에 연료가 부족해서 주유소를 들렀어요. 그런데 나가는 길에 같이 출발하는 옆 차가 이상해서

자세히 봤더니 연료 주입구가 열려있고, 연료 주입구 잠금 캡은 자동차 위에 올려뒀더라고요.

2. 어제 대리님과 함께 외근을 나갔거든요./ 연료가 부족해서 주유소를 들렀어요./ 그런데 나가는 길에 같이 출발하는 옆 차가 이상한 거예요./ 자세히 봤더니 연료 주입구가 열려있었어요./ 또, 연료 주입구 잠금 캡은 자동차 위에 올려뒀더라고요.

어떤가요. 1번 문장보다 2번 문장이 더 잘 읽힙니다. 끊어 말하면 말하는 사람은 리듬감이 생겨 이야기하기가 수월해집니다. 짧은 문장을 여러 번에 걸쳐 나눠 말하기 때문에, 긴 문장을 한 번에 말할 때보다 전달하기가 쉬워지는 거죠. 끊어 말할 때는 다음과 같은 규칙을 지켜서 이야기해 봅시다.

'한 마디 당, 사건 1개'

할 말이 자꾸만 길어진다면, 말하고 싶은 내용이 지나치게 많기 때문일 확률이 높습니다. 그럴 때는 한마디 할 때마다 사건을 딱 1개만 넣어서 말하는 습관을 길러봅시다. 다음 한 문장을 2개 문장으로 나눠 봅시다.

- 저번 주에 재미있는 사람을 만났는데, 여행지에서 만난 사람이거든요.

이 문장에서 사건은 2개입니다. 첫 번째는 재미있는 사람을 만난 것, 두 번째는 그 사람은 여행지에서 만난 사람이라는 겁니다. 자, 이제 사건을 기준으로 말을 끊어 봅시다.

→ 저번 주에 재미있는 사람을 만났어요. (사건 1)/ 여행지에서 만난 사람이에요. (사건 2)

어떤가요. 만약 내가 듣는 사람이라면 훨씬 이해하기가 쉬워집니다. 끊어 말하기는 할 이야기가 많을 때 그 힘을 더욱 발휘합니다. 위 이야기를 다음처럼 좀 더 이어 나가 볼까요.

→ 저번 주에 재미있는 사람을 만났어요. (사건 1)/ 여행지에서 만난 사람이에요. (사건 2) / 말을 너무 재미있게 하더라고요. (사건 3)/ 궁금해서 직업을 물어봤더니 유튜버래요. (사건 4)

혹시 지금 상대에게 하고 싶은 말이 있나요? 그렇다면 일단 무조건 끊어 말해야 합니다.

이제 질문을
끼워 넣어라

시선을 끄는 한 마디를 사용하고 끊어 말하기까지 했습니다. 만약 여기서 한 단계 더 나아가고 싶다면 '질문하기 기술'을 활용할 차례입니다. '질문하기'는 상대를 붙잡는 것을 넘어서서 이야기 속으로 확실히 끌어들이는 기술입니다. 빠져들게 만드는 거죠.

말하는 도중에 질문을 하면 듣는 사람은 답변을 생각하기 마련입니다. 그러면 이야기는 더 이상 남 일이 아니라, 내 일이 됩니다. 상상에서 끝나지 않는 거죠. 다음처럼 중간에 질문을 넣어 봅시다.

"저 엄청 황당한 일이 있었어요. 어제 대리님과 함께 외근을 나갔거든요. 연료가 부족해서 주유소를 들렀어요. 그런데 나가는 길에 같이 출발하는 옆 차가 이상한 거예요. 뭐였을까요? 자세히 봤더

> 니 연료 주입구가 열려있었어요. 또, 연료 주입구 잠금 캡이 어디
> 있었는지 아세요? 자동차 위에 올려뒀더라고요."

어떤가요. 훨씬 생생하게 느껴집니다. 마치 내가 현장에 있는 것 같다고 생각하게 되죠. 질문하기는 다음과 같은 타이밍에 하면 됩니다.

'사건과 사건을 연결하는 중간'

앞에서 말한 '끊어 말하기 기술'을 사용하고 난 뒤, 사이사이에 질문을 넣어 봅시다. 주의할 점은 흐름을 방해하지 않는 선에서 적당히 써야 한다는 겁니다. 우선 끊어 말하기 기술을 사용한 문장을 다시 한번봅시다.

- 어제 대리님과 함께 외근을 나갔거든요. (사건1)/ 연료가 부족해서 주유소를 들렀어요. (사건2)/ 그런데 나가는 길에 같이 출발하는 옆차가 이상한 거예요. (사건3)/ 자세히 봤더니 연료 주입구가 열려있었어요. (사건4)/ 또, 연료 주입구 잠금 캡은 자동차 위에 올려뒀더라고요. (사건5)/

총 5개의 사건으로 이루어져 있습니다. 이제 사건 사이에 질문을 넣을 차례입니다. 질문을 할 때는 뒤에 있는 사건에 관해 물어보면 됩니다.

"어제 대리님과 함께 외근을 나갔거든요. (사건1) 연료가 부족해서 주

유소를 들렀어요. (사건2) 그런데 나가는 길에 같이 출발하는 옆 차가 이상한 거예요. (사건3) <u>뭐였을까요?</u> (질문1) 자세히 봤더니 연료 주입구가 열려있었어요. (사건4) 연료 주입구 잠금 캡이 <u>어디 있었는지 아세요?</u> (질문2) 또, 연료 주입구 잠금 캡은 자동차 위에 올려뒀더라고요. (사건5)"

질문을 넣어서 연결이 어색해지거나, 과하게 느껴지는 부분이 있다면 억지로 하지 않아도 됩니다. 이제 처음 했던 말과 앞에서 말한 1분 말하기 기술을 모두 사용한 말을 비교해볼까요.

> • 어제 대리님과 함께 외근을 나가는 도중에 연료가 부족해서 주유소를 들렀어요. 그런데 나가는 길에 같이 출발하는 옆 차가 이상해서 자세히 봤더니 연료 주입구가 열려있고, 연료 주입구 잠금 캡은 자동차 위에 올려뒀더라고요.
>
> → 저 엄청 황당한 일이 있었어요. 어제 대리님과 함께 외근을 나갔거든요. 연료가 부족해서 주유소를 들렀어요. 그런데 나가는 길에 같이 출발하는 옆 차가 이상한 거예요. 뭐였을까요? 자세히 봤더니 연료 주입구가 열려있었어요. 또, 연료 주입구 잠금 캡이 어디 있었는지 아세요? 자동차 위에 올려뒀더라고요."

길게, 한 호흡으로 이어진 문장이 짧고, 여러 호흡으로 연결된 문장으로 바뀌었습니다. 읽기 쉬우면 말하기도 편합니다. 이제 '시선을 끄는 한 문장', '끊어 말하기', '질문하기' 기술을 사용해서 대화 분위기를 주도해 봅시다.

오히려 생략하면
관심을 끈다

이제 우리는 대화할 때 시선부터 끌어야 한다는 사실을 알고 있습니다. 이제는 시선 끌기보다 한 단계 더 나아간 기술, '관심 끌기'에 대해 알아봅시다. '관심 끌기 기술'을 사용하면 상대는 다음에 이어질 말을 전혀 상상하지 못합니다. 시선 끌기 기술과의 차이점입니다. 시선 끌기는 이후 이야기가 궁금해지는 동시에, 어떤 내용일지 어느 정도 예상이 갑니다. "어제 저 황당한 일이 있었어요." 뒤에는 당연하게도 자주 일어나지 않는 일에 관해 이야기할 거라고 여기는 것처럼 말이죠.

반면에 '관심 끌기 기술'을 사용한 말을 들은 상대는 이후에 내가 어떤 말을 할지 추측하기가 어렵습니다. 그래서 더욱 궁금증이 커집니다. 그럼 관심 끌기 기술 중 하나인 '생략하기 기술'을 사용해 관심을 끌어봅시다.

"저는 모든 게 신기하고 처음이에요."

처음이라고? 모든 게? 그게 무슨 말이야? 생략하기 기술을 사용해 다음 말이 전혀 예상되지 않습니다. 관심 끌기에 성공했습니다.

그럼 생략하기 기술을 사용하기 전에는 어떤 말이었을까요. 다음 문장을 봅시다.

"저는 회사에 입사해서 경험하는 일들이 정말 신기해요. 제가 처음 경험하는 것들이거든요. 출근하는 시간에 지하철이 이렇게 붐빌 줄 몰랐어요. 상상만 하고 직접 출근 시간에 맞춰 타본 적이 없거든요. 또, 전자결재 시스템이 정말 빠르고 편리하더라고요."

어떤가요. 꽤 많은 문장이 생략되어 있습니다. 생략하기는 앞에서 이야기한 말속에 있는 단어나 문장을 삭제하고 요약하는 기술입니다. 먼저 삭제부터 해봅시다.

1. 삭제하기
우선 위 문장에 구체적으로 설명하는 내용부터 삭제합니다. 다음 밑줄 친 부분이 삭제한 부분입니다.

• 저는 회사에 입사해서 경험하는 일들이 정말 신기해요. 제가 처음 경험하는 것들이거든요. <u>출근하는 시간에 지하철이 이렇게 붐빌 줄 몰랐어요. 상상만 하고 직접 출근 시간에 맞춰 타본 적이 없거</u>

든요. 또, 전자결재 시스템이 정말 빠르고 편리하더라고요.

→ 저는 회사에 입사해서 경험하는 일이 정말 신기해요. 제가 처음
   경험하는 것들이거든요.

2. 요약하기

이제 짧아진 문장을 요약할 차례입니다. 만약 미처 삭제하지 못한
단어나 문장이 있다면 요약하면서 동시에 삭제해도 괜찮습니다. 밑줄
친 부분이 요약한 부분입니다.

- 저는 <u>회사에 입사해서 경험하는 일들이 정말 신기해요.</u> 제가 처음
            ↑
         저는 모든 게 신기하고

  <u>경험하는 것들이거든요.</u> → 저는 모든 게 신기하고 처음이에요.
       ↑
    처음이에요

원래 말과 '생략하기' 기술을 사용한 말을 다시 한번 비교해볼까요.

- 저는 회사에 입사해서 경험하는 일들이 정말 신기해요. 제가 처
  음 경험하는 것들이거든요. 출근하는 시간에 지하철이 이렇게
  붐빌 줄 몰랐어요. 상상만 하고 직접 출근 시간에 맞춰 타본 적이
  없거든요. 또, 전자결재 시스템이 정말 빠르고 편리하더라고요.
  → 저는 모든 게 신기하고 처음이에요.

어떤가요. 확실히 짧아졌고 덕분에 다음 내용이 더 궁금해집니다.

여기서 잠깐! '생략하기'를 사용할 때 주의해야 할 점이 있습니다. 관심을 끌고 난 뒤에는 듣는 사람에게 곧바로 이유를 상세하게 설명해줘야 합니다. 생략된 내용을 곧바로 설명하지 않으면, 듣는 사람은 이야기를 듣는 내내 궁금증을 해결할 실마리를 찾아야 합니다. 내가 이야기를 끝마치기도 전에 상대가 먼저 지쳐버릴 수도 있습니다. 관심을 끌고 난 뒤에는 곧바로 친절하게 다음 내용을 설명해야 합니다.

1분 말하기 기술

첫마디를 이렇게
시작하면 망한다

Q : 상사에게 도움을 요청하거나 궁금한 내용을 질문할 때, 자꾸만 주눅이 듭니다. 왠지 상대에게 빚지는 것 같은 기분이 들고, 시간을 빼앗는 것 같아서 저도 모르게 이 말을 자주 씁니다.

"저…, 죄송한데 이것 좀 알려주실 수 있을까요?"

A : 사과는 필요할 때만 하면 됩니다. 별것도 아닌 일에 늘 미안함을 표현하다 보면, 주변 사람들은 이렇게 생각합니다.

'왜 늘 죄송하다고 하지? 뭔가 더 잘못한 일이 있나?'

지나치게 자세를 낮춰 말한다고 해서 겸손하고 정중해 보이지 않습니다. 오히려 당당하게 질문할 때 더 호감이 갑니다. 질문하는 방식만 바꿔도 상대의 호감을 얻을 수 있습니다. 1분 말하기 기술을 적용해서 질문을 바꿔봅시다.

- 저···, 죄송한데 이것 좀 알려주실 수 있을까요?
- → 저번에 알려주신 방법대로 해봤는데, 여기가 잘 안 됩니다. 이것 좀 질문해도 될까요?

어떤가요. 같은 말이지만 완전히 다르게 들립니다. 이렇게 1분 말하기를 활용하는 방법은 간단합니다. 두 단계 중 첫 단계는 '더하기'입니다.

1. 더하기

질문할 때는 뺄 것을 확실히 없애고, 넣을 것은 구체적으로 넣어야 합니다. '죄송하다'라는 첫 마디는 무조건 빼야 합니다. 그럼 남은 자리에는 뭘 넣어야 할까요? 이 '질문을 하게 된 배경'을 넣으면 됩니다. 다음을 함께 봅시다.

- '죄송한데' 이것 좀 알려주실 수 있을까요?
- → 저번에 알려주신 방법대로 해봤는데, 여기가 잘 안 됩니다. 이것 좀 알려주실 수 있을까요?

이제 다음 단계, '바꾸기'입니다.

2. 바꾸기

관점을 바꿔봅시다. 상사가 바라보는 관점에서 내가 바라보는 관점으로 바꾸면, 다음처럼 말 끝맺음이 달라집니다.

- 상사가 바라보는 관점: 이것 좀 알려주실 수 있을까요?
- 내가 바라보는 관점: 이것 좀 질문해도 될까요?

이렇게 말하면 보이는 내 모습이 달라집니다. 상대가 알려주기만을 마냥 바라고만 있는 사람이 아니라, 스스로 질문을 해도 되겠냐고 정중하게 양해를 구하는 사람인 거죠. 자, 이제 다시 처음에 했던 말과 1분 말하기를 적용한 말을 비교해봅시다.

> - 저…, 죄송한데 이것 좀 알려주실 수 있을까요?
> → 저번에 알려주신 방법대로 해봤는데, 여기가 잘 안 됩니다. 이
> 것 좀 질문해도 될까요?

Q : 너무 이런저런 설명이 많은 거 아닌가요?

A : 상사 입장으로 가봅시다. 자신이 원하는 것만 요구할 때와 아니면 구체적 근거를 들면서 도움을 요청할 때는 확실히 다르게 느껴집

니다. 만약 당신이 상사라면 어떤 사람에게 더 많은 도움을 주려 할까요? 1분 말하기는 상대와 상황에 따라 고무줄처럼 말을 늘리고, 줄이는 기술입니다. 만약 상대가 핵심만 간결하게 요구하는 것을 좋아하는 성향이라면 그렇게 말하면 됩니다. 하지만 반대라면 이런 식으로 말을 늘리는 게 필요합니다.

자기소개는
딱 1번뿐인 기회다

신입사원 첫 출근 날 절대로 피할 수 없는 게 있죠. 바로 자기소개입니다. 피할 수 있다면 외면하고 싶습니다. 하지만 5장, '존재감 있고 싶다면 말을 줄여라.'에서 말한 것처럼 자기소개를 잘해서 확실한 이미지를 얻고 싶다면 이 기술을 사용해 봅시다. 회사생활을 할 때 이미지가 얼마나 중요한지는 여러분이라면 훨씬 더 잘 알고 있을 겁니다. 오죽하면 "이미지가 좋으면 반은 먹고 간다."라는 말도 있을까요. 물론 일을 잘하는 것도 중요하지만, 첫인상은 한번 정해지면 바꾸기가 정말 어렵습니다. 반면 잘 만들어진 첫인상은 나중에 조그만 실수 정도는 그냥 넘어갑니다.

자기소개는 두 가지 방법으로 할 수 있습니다. 하나는 일반 자기소개, 다른 하나는 1분 말하기를 활용한 자기소개입니다. 먼저 일반 자기소개부터 봅시다.

신입사원 출근 전날, 얼마나 떨리나요. 내일 자기소개를 하니 대부분 사람은 기본적인 준비는 합니다. 다음처럼 말이죠.

"안녕하십니까? 한국 부서 신입사원 OOO입니다. 앞으로 열심히 하겠습니다. 잘 부탁드립니다."

할 말이 없어서 간단하게 말했습니다. 하지만 너무 짧게 말해 성의 없게 보일까 걱정이 듭니다. 조금만 살을 더해 긴 문장으로 만들어 봅니다.

"안녕하십니까? 한국 부서 신입사원 OOO입니다. OO살입니다. 또 처음이라 아직은 많이 부족하지만, 앞으로 열심히 하겠습니다. 잘 부탁드립니다."

어떤가요. 어디서나 쉽게 들을 수 있는, 밋밋한 느낌이 들지 않나요. 이때는 긴 문장을 조금만 바꿔봅시다. 조금만 바꾸면 상사는 말은 안 하지만 분명히 속으로 '눈길이 가는 신입사원이군'하며 듣습니다. 똑같은 말이지만 조금만 더하고 바꿔서 말하면 신뢰감 있는 이미지를 만들 수 있습니다. 어렵지 않습니다. 다음처럼 고쳐 말하면 됩니다.

"안녕하십니까? 한국 부서 신입사원 OOO입니다. 앞으로 선배님들

1분 말하기 기술

이 이끌어 주시는 만큼 최선을 다해서 늘 발전하고 성장하는 모습 보여드리겠습니다. 감사합니다."

'열심히 하겠다.'라는 똑같은 내용을 아주 조금만 다르게 표현한 것입니다. 밑줄 친 것처럼 포부를 조금 더 구체적으로만 말하면 됩니다. 여기서 중요한 건 말하는 태도입니다. 단지 상사니까 공손하게 말한다가 아니라, 말에 진정성을 담아야 합니다. 진정성을 담기 위해서는 말하는 모습을 미리 떠올려 봐야 합니다. 미리 머릿속으로 먼저 시뮬레이션을 해보는 거죠. 자기소개를 잘해서 얻고 싶은 것이 무엇인지, 그러기 위해서는 어떤 모습으로 말해야 하는지를 먼저 떠올려 보는 것입니다.

회식 건배사를 피할 수 없다면
이 공식만 외워라

"우리 막내, 건배사 한 번 들어볼까?"

드디어 올 것이 오고야 말았습니다. 회사를 갓 입사해 처음으로 맞이하는 회식의 주인공은 신입사원입니다. "앞으로 잘 부탁드립니다. 원샷!"으로 끝내고 싶지만, 너무 짧게 느껴질 것 같습니다. 말을 더하기 시작합니다. 하지만 할 말을 억지로 지어내다 보니. 주절주절하기 시작합니다.

존재감이 필요하다는 생각이 드나요? 그렇다면 확실한 '캐릭터'를 만들어봅시다. 신입사원 때 남들은 내가 어떤 사람인지 전혀 알지 못합니다. 처음부터 어떤 사람인지 기억에 남기고 싶다면 이렇게 말해봅시다. 이때는 1분 말하기 기술, '더하고 바꾸기'를 꺼낼 차례입니다. 우선 언제 어디서나 통하는 건배사 공식부터 알아야 합니다.

　• 건배사 공식: 가져오기 → 더하기 → 바꾸기 → 강조하기

1. 가져오기

주변을 둘러봅시다. 뭐가 보이나요? 수저 세트, 회식 메뉴, 냅킨 등 어떤 것이든 좋습니다. 일단 최대한 많이 훑어보면서 건배사에 사용할 재료를 모아봅시다.

2. 더하기

이제 마음에 드는 것 하나를 골라 의미를 부여할 차례입니다. 만약 수저 세트를 골랐다면 1분 말하기 기술, '더하기'를 쓸 차례입니다. 더하기 기술을 쓸 때는 이것부터 합시다.

　• 사물이 가진 특징 찾기: 사물이 가진 특징을 찾아봅시다. "젓가락은 두 짝이 서로 합이 잘 맞아야지만 맛있는 음식을 집어 먹을 수 있다." 이런 식으로 눈에 보이는 특징을 최대한 많이 찾아보는 겁니다.

3. 바꾸기

이제 다음처럼 바꾸기 기술을 쓸 차례입니다.

　• 주어 바꾸기: 찾은 사물 특징 중 가장 마음에 드는 것의 주어를 '나 또는 조직'으로 바꿔봅시다. 문장이 잘 이어지지 않을 때는, 주어에 맞

취 특징을 조금만 바꿔봅시다.

· 사물이 주어일 때: 젓가락 두 짝(주어)이 서로 합이 잘 맞아야지만 (특징) 맛있는 음식을 집어 먹을 수 있다.

· 내가 주어일 때: 내(주어)가 업무를 할 때도 상호 간 합이 잘 맞아야지만(특징) 좋은 성과를 낼 수 있다.

4. 강조하기

1) 앞으로의 포부

바꾼 주어로 만든 문장을 한 번 더 강조해 봅시다. 방법은 만든 문장 뒤에 앞으로의 포부나 다짐을 붙여 다음과 같이 말하면 됩니다.

"저 역시 앞으로 늘 조직과 함께 배우고, 최선을 다하는 모습 보여드리겠습니다."

2) 선창과 후창

선창과 후창은 억지로 새로운 단어를 가져와 만들지 않아도 됩니다. 고른 사물에 다음과 같은 조사를 붙여 강조하면 건배사가 만들어집니다.

선창	후창
~처럼	~잘하자
~같은	~위하여

자, 이제 확실한 존재감이 느껴지는 건배사가 완성되었습니다.

　　　　　　　　　　　　　　　　　　　　　　　1분 말하기 기술

"눈앞에 젓가락 한 쌍을 보니 이런 생각이 듭니다. 젓가락 두 짝이 서로 합이 잘 맞아야지만 맛있는 음식을 집어 먹을 수 있는 것처럼, 업무를 할 때도 상호 간 합이 잘 맞아야지만 좋은 성과를 낼 수 있습니다. 저 역시 앞으로 늘 조직과 함께 배우고, 최선을 다하는 모습 보여드리겠습니다. 제가 선창으로 '젓가락처럼!'이라고 하면 후창은 '잘하자!'라고 해주시기를 바랍니다."

이번에는 회식 메뉴로 건배사를 만들어볼까요? 삼겹살을 예로 들면 이런 식입니다.

"붉은 삼겹살(사물 주어)이 불판 위에서 어느 정도 시간이 흐르면 맛있게 갈색으로 익어가는 것처럼(사물 특징), 저(나 주어) 역시 우리 부서에서 보낸 시간만큼 성장해(나 특징) 앞으로 조직에 더욱 기여하는 모습 보여드리겠습니다. (앞으로의 포부) 제가 선창으로 '삼겹살 같은!'이라고 하면 후창은 '인생을 위하여!'라고 해주시기 바랍니다. (선창과 후창)"

Q : 너무 유별나 보이는 것 같아요.

A : 5장, '존재감 있고 싶다면 말을 줄여라.'에서 말한 것처럼 1분 말하기 기술은 내가 원할 때 사용하는 기술입니다. 원할 때만 사용하면 됩니다. 또, 기술은 입맛에 맞게 바꿔 사용해야 합니다. 내가 편한 말투에 맞게 바꿔 사용해 봅시다. 단어가 바뀔 수도 있고, 문장 순

서가 바뀔 수도 있습니다. 틀린 게 아니라 다른 겁니다. 나만의 1분 말하기 기술을 만들어 봅시다.

위 건배사 형식에 익숙해지면 회식 전부터 건배사 멘트를 생각하느라 골머리를 앓지 않아도 됩니다. 회식 공지를 들었다면 이것 하나만 떠올립시다. 회식 장소에 들어서는 순간 둘러본 뒤 가져오고, 더하고, 바꾼 뒤 강조하면 끝입니다.

확실히 얻을 수 있다면,
그걸로 되었다

'1분 말하기' 강의 마지막 날에 꼭 하는 말이 있습니다.

"익숙하지 않은 말하기 공부하느라 힘드셨죠? 어느 때보다도 에너지가 많이 들었을 겁니다. 강의 도중에 우리 함께 여러 번 욱하면서 느꼈잖아요. 하하하, 어떤가요. 여러분의 변화가 느껴지시나요? 저는 확실하게 느껴집니다. 첫날에 저를 만났을 때는 눈을 피하셨는데, 이제는 먼저 인사해주시잖아요. 그거면 된 거죠."

3달 동안, 30시간 커리큘럼인 강의를 듣고 나면 왠지 모르게 대단한 변화가 생길 것만 같습니다. 처음과는 완전히 달라진 모습으로 당당하게 말하는 모습을 꿈꾸죠. 그렇게만 된다면 강사로서 더 바랄 게 없겠지만, 쉬운 일이 아닌 것은 우리 모두 알고 있습니다.

강의하다 보면 꼭 이런 질문이 나옵니다. "말하는 게 이렇게 에너지가 많이 드는 일인 줄 몰랐어요."하고 말입니다. 청중의 마음을 이해하지 못하는 건 아닙니다. 저 역시 그랬기에 충분히 공감합니다. 하지만이 말을 꼭 하고 싶네요. 그럼에도 불구하고 말하기 공부를 계속하고자하는 건 그만큼 강한 동기가 마음속에 있기 때문이라고 말입니다. 여러분이 원하는 것, 욕구가 무엇인지 저는 잘 알지 못합니다. 그러나 불편함을 감수하고 많은 에너지를 소비하면서까지 확실하게 이루고 싶은게 있다는 건 정확히 느끼고 있습니다.

마치 등가교환을 하듯이 노력한 만큼 결과를 얻으면 좋겠지만, 그렇지 않다고 해도 실망하기는 너무 이릅니다. 우리는 '계단식 성장'을 할테니까요. 계단식 성장은 일정 시간 동안 아무리 노력해도 눈에 띌만한성과를 얻지 못하다가, 어느 순간 갑자기 급격하게 성장하는 것을 말합니다. 사실 이 내용을 알고 있다고 해도 직접 삶에 적용하기에는 꽤 오랜 시간이 걸립니다. 지금 하는 노력이 어떠한 성과도 이루지 못하는것만 같고 무의미한 노력은 아닐까 하는 의심은 거둡시다. 이 책에서말하는 '1분 말하기 기술'은 여러분이 눈에 띄는 계단식 성장을 하는 데든든한 디딤돌 같은 역할을 할 거라 확신합니다.

'1분 말하기 기술'은 여러분과 같은 일을 경험하면서 얻은 노하우를모두 담아둔 책입니다. 저는 말하기 강사가 되기 전, 평생 '말하기'를 고민하면서 살아왔습니다. 말을 하는 모든 상황에서 상처받기도 하고 사람이 무서워지기도 했죠. 이 내용을 담은 책을 접한 여러분은 저보다 더 큰 성장을 할 수 있다고 믿습니다. 정말입니다. 여러분은 저보다 훨씬 빨리, 그리고 더 잘 말할 수 있을 겁니다.

'1분 말하기'를 완성하는 과정은 꽤 오랜 시간이 걸렸습니다. 누군가 과거 제 모습을 한 단어로 정의해보라고 한다면 이렇게 말하고 싶습니다.

'말 한마디로 천 냥 빚지는 사람.'

말을 할 때마다 빚을 갚기는커녕 배, 혹은 그 이상 빚지는 사람이었습니다. 때론 결핍은 강력한 성장의 도구가 됩니다. 간절히 바라던 답을 마침내 찾아 이곳에 담았습니다. 이 책을 통해 1분 말하기 기술을 습득한 당신은 이제 동의할 겁니다. 타고난 말재주가 없어도 누구나, 쉽게, 원하는 것을 얻을 수 있다고 말이죠.

결정적 순간에 꺼내 쓰는 직장 생활 치트키

1분 말하기 기술

초판 1쇄 발행　　2023년 12월 29일

지은이　　임경민
기　획　　잡빌더 로울
펴낸이　　곽철식
디자인　　임경선
마케팅　　박미애

펴낸곳　　다온북스
출판등록　　2011년 8월 18일 제311-2011-44호

주　소　　서울시 마포구 토정로 222 한국출판콘텐츠센터 313호
전　화　　02-332-4972
팩　스　　02-332-4872
이메일　　daonb@naver.com

ISBN 979-11-93035-30-6(13320)